妇女及未成年人维权法律知识手册

戴学盛　编著

金盾出版社

内容提要

本书系统阐述了怎样以法律为依据，维护妇女及未成年人的人身权、财产权、消费权、医疗与保险权、劳动与社会保障权，以及妇女的婚姻家庭权、未成年人的受教育权等，论述依据充分、表述严谨、案例翔实、通俗易懂，是妇女及家庭必备的书籍。

图书在版编目(CIP)数据

妇女及未成年人维权法律知识手册/戴学盛编著．—北京：金盾出版社，2015.4(2019.1 重印)

ISBN 978-7-5082-9866-5

Ⅰ.①妇…　Ⅱ.①戴…　Ⅲ.①妇女权益保障法—中国—手册②未成年人保护法—中国—手册　Ⅳ.①D923.8-62②D922.183-62

中国版本图书馆 CIP 数据核字(2014)第 280263 号

金盾出版社出版、总发行

北京市太平路 5 号(地铁万寿路站往南)

邮政编码：100036　电话：68214039　83219215

传真：68276683　网址：www.jdcbs.cn

双峰印刷装订有限公司印刷、装订

各地新华书店经销

开本：880×1230 1/32　印张：6.375　字数：190 千字

2019 年 1 月第 1 版第 9 次印刷

印数：61 001～65 000 册　定价：18.00 元

前　言

当今社会，法盲注定是要吃亏的。自己的合法权益受到侵害怎么办？与人发生纠纷怎么办？与人有争议怎么办？最好的办法是拿起法律的武器进行维权。

人的一生难免会遇到这样或那样的纠纷。各种纠纷的解决、自身权益的保护，都离不开法律。即使有专业人士的帮助，也不如自己懂得法律知识更便捷、更迅速、更可靠。

人们常说，衣食住行是老百姓最基本的生活需求。如今，随着老百姓法制意识的增强，工作、生活、婚姻、家庭、人身安全、财产保障、医疗保险、消费者权益保障等妇女及未成年人各个方面的权益保障法律问题，越来越成为老百姓关注的热点。生活中的一些民事纠纷，工作中的一些劳动争议也日益凸显，不仅在数量上有所增加，而且难度也不断加大。越来越多的老百姓希望通过自己掌握的法律知识维护自身合法权益。我国法律条文成千上万，内容繁多，纷繁复杂，并非任何人都能够全面理解和灵活运用。为此，编写一本简明实用、通俗易懂的维权法律知识读物，作为人们日常生活中随时可以翻阅查询的法律知识手册，就显得很有意义。

《妇女及未成年人维权法律知识手册》旨在普及基本的法律知识，尤其是妇女及未成年人在人身权利、爱情婚姻、个人财产、接受教育、劳动与社会保障、医疗与保险、日常生活消费等方面维权的法律知识，帮助妇女及未成年人理解和掌握基本的维权法律常识，有利于妇女、未成年人及家长正确运用法律武器维护应有的合法权益。

《妇女及未成年人维权法律知识手册》选择百姓日常生活中最容易遇到的各种法律问题，采用一问一答的形式，对各类问题进行详细解答，并提供准确的法律依据。

针对一些比较复杂的法律维权问题，本书还选用生活中的实际案例进行解释和说明，以便读者能够更好地掌握相关的法律知识。

本书在编写过程中，为了准确把握现实生活中常见的维权行为和法律依据、现实案例，我们广泛收集了各种案例材料，在此，对这些材料的编著者表示衷心感谢。

戴学盛

作者简介

戴学盛，江西德兴人，现居北京。

主要著作有：

《人生参考》（新华出版社，1996.）

《沉思录全集》（海潮出版社，2008.）

《秀出自己，改变命运》（海潮出版社，2010.）

《成功进行时——人生百策》（时事出版社，2011.）

《远见力——决定未来的神奇力量》（时事出版社，2014.）

目　录

上　篇　妇女维权法律知识

第一章　妇女的人身权利……………………………… 3

一、什么是人身权？人身权有哪些特征？ ……………… 3

二、我国妇女享有哪些人身权利？ ……………………… 4

三、侵害女性生命健康权的行为有哪些？ ……………… 5

四、侵害妇女姓名权、名称权的行为有哪些？ ………… 6

五、侵害妇女名誉权的行为表现方式有哪些？ ………… 7

六、妇女的荣誉权受到侵害应当怎样维权？ …………… 7

七、妇女的隐私权受到侵害应该怎样维权？ …………… 8

八、妇女的人身自由受到限制应该怎样维权？ ………… 9

九、什么是拐卖妇女儿童罪？应该如何处罚？ …………10

十、保护生育女婴和不育的妇女有哪些法律规定？ ……11

十一、法律有关“性骚扰”是如何规定的？
妇女如何对付“性骚扰”？ ……………………………12

十二、什么是卖淫嫖娼？与卖淫嫖娼有关的犯罪
主要有哪些？ ……………………………………………13

十三、妇女受到猥亵、侮辱后怎么办？ …………………14

十四、妇女遭受非法搜查后应该如何维权？ ……………15

十五、妇女在孕期和哺乳期犯罪是否要承担刑事责任？ ……16

第二章　妇女的婚姻家庭权益……………………………… 18

一、未婚同居属于事实婚姻吗？是否受法律保护？ ……18

二、订婚算数吗？有没有法律效力？
如果退婚，彩礼退不退？……………………………19
三、结婚需要达到哪些条件？……………………………20
四、准备结婚，是否一定要做婚前检查？………………21
五、如何办理结婚登记？需要提供哪些证明和材料？………22
六、妇女要做流产，丈夫有权阻止吗？…………………23
七、法律上对重婚是如何认定的？………………………23
八、妇女应该如何应对家庭暴力？………………………24
九、怎样办理离婚？………………………………………25
十、妇女离婚的法定条件有哪些？………………………26
十一、妇女离婚涉及的主要法律、法规有哪些？…………27
十二、妇女离婚的法律后果有哪些？……………………28
十三、妇女离婚与无效婚姻有何区别？…………………29
十四、妇女假离婚与骗离婚的区别在哪里？……………30
十五、妇女离婚时如何争取对子女的抚养权？…………31
十六、妇女离婚后如何行使对子女的抚养权和探望权？……32
十七、妇女离婚后又复婚，是否需要进行复婚登记？………33
十八、老年妇女再婚，儿女不同意，可以不尽赡养义务吗？34
十九、老年妇女离婚后再婚，应该由谁赡养？……………35

第三章　妇女的财产权利…………………………………37

一、归妻子一方所有的财产有哪些？
妻子一方所有的财产是否需要进行婚前财产公证？……37
二、妻子享有哪些共同财产？……………………………38
三、妻子如何同丈夫做出财产约定？……………………39
四、父母给子女买的结婚房，最终归谁所有？……………40
五、妇女离婚时，原夫妻共有的房屋如何分割？…………40
六、夫妻共有的房屋被丈夫出卖，妻子如何维权？………41
七、离婚前丈夫转移夫妻共同财产怎么办？………………42
八、妇女离婚时家庭财产应该如何分割？…………………43

九、妇女离婚时，要不要承担家庭债务？……………………44
十、妇女离婚时，如何划分个人债务和夫妻共同债务？……46
十一、妇女复婚时未办理复婚登记，能否继承配偶的遗产？47
十二、丈夫死了，妻子能否继承公婆的遗产？………………48
十三、丧偶的妻子如何维护自己的继承权？…………………50
十四、女儿是否要偿还父母留下来的债务？…………………51
十五、妇女如何行使放弃继承权？………………………………52
十六、妇女如何依照遗嘱继承遗产？……………………………53

第四章　妇女的劳动与社会保障权益…………………… 55

一、妇女享有哪些劳动权利？……………………………………55
二、妇女在法律上享有哪些劳动保障？…………………………56
三、女职工可以被用人单位任意解聘吗？………………………57
四、女职工可以不与单位签订劳动合同吗？……………………58
五、女职工被迫与单位签订了不平等的劳动合同应该怎样维权？……………………………………59
六、女职工劳动合同终止后发现怀孕应该怎样维权？………60
七、女职工的劳动合同被解除，单位是否应付经济补偿？…61
八、女职工处于经期可以拒绝哪些种类的劳动？……………62
九、女职工怀孕期间享有哪些特殊的劳动保护？……………63
十、女职工怀孕期间是否可以拒绝从事夜班劳动？…………64
十一、女职工流产如何休假？休假是属于病假还是属于产假？………………………………65
十二、女职工要生小孩，如何请产假？…………………………66
十三、女职工哺乳期间享有哪些特殊劳动保护？……………67
十四、女职工的哺乳权利受到侵害如何维权？………………68
十五、女职工哺乳期内工资被扣发如何维权？………………69
十六、女职工在孕期或哺乳期被解除劳动合同怎样维权？…70
十七、女职工在合同期满后未续订劳动合同，但仍继续工作超过十年的，被解除劳动合同后如何维权？…………71

第五章　妇女的医疗与保险权益……………………… 73

一、妇女在医疗活动中享有哪些权利？ ………………73

二、妇女在医疗活动中合法权益受到侵害应该如何维权？…74

三、女患者与医疗机构发生纠纷应该如何维权？
怎样开展诉讼？ ……………………………………75

四、妇女进行医疗美容反被毁容应该怎样维权？ ………76

五、女患者的肖像权受到医疗部门的侵害应该怎样维权？…77

六、妇女作为患者家属，是否有权在病人病危或意识不清的
情况下，代为行使知情同意权和自主选择权？…………78

七、医疗过程中，女患者在紧急情况下需要采取紧急措施，
但家属不同意签字，医疗合同还需要履行吗？…………79

八、女患者在医疗过程中被要求脱衣胸透，
医生是否侵犯了患者的隐私权？ ………………………80

九、女患者因医疗事故死亡，家属应该怎样维权？ ………81

十、胎儿死在非法行医者手中，产妇应该怎样维权？ ………82

十一、孕妇服用非处方药物导致流产应该如何维权？ ……83

十二、女患者因医方病历记录不规范而导致严重后果，
应该如何维权？ ………………………………………84

十三、女患者如何通过申请医疗事故技术鉴定维权？ ………85

十四、女患者如何通过申请司法鉴定维权？ ………………86

十五、女患者依法维权，如何区别司法鉴定与医疗事故
技术鉴定的异同？ ……………………………………87

十六、妇女怎样区分社会保险与商业保险？ ………………89

十七、女职工能否享受生育保险？ …………………………90

第六章　妇女的消费权利…………………………… 92

一、妇女美容与美容店发生纠纷应该如何维权？ …………92

二、妇女美容遭遇强制消费应该怎样维权？ ………………93

三、妇女消费者遭遇商家强买强卖应该如何维权？ ………94

四、妇女在网上所购女士手表与宣传资料不符，
应该如何维权？ ……………………………………95
五、妇女去干洗店洗高档衣物时发生纠纷应该怎样维权？ …96
六、妇女消费者同意经营者开不真实的发票，
发生纠纷该如何维权？ ……………………………97
七、妇女去超市购物时摔伤应该怎样维权？ ………………98
八、妇女食用了过期面包导致严重腹泻应该怎样维权？ ……99
九、妇女在游泳馆溺水身亡，家属应该怎样维权？ ……… 100
十、妇女购买商品的实际功能与广告不符应该怎样维权？… 101
十一、妇女购买的商品和样品不一样时应该怎样维权？… 102
十二、妇女在酒店消费时遭遇乱收费应该怎样维权？ …… 103
十三、妇女购物时所得赠品出现质量问题应该怎样维权？… 104
十四、妇女停在小区停车位里的小轿车被盗了
应该怎样维权？ ………………………………… 105

下　篇　未成年人维权法律知识

第七章　未成年人的人身权利 …………………………109
一、我国保护未成年人权益的法律主要有哪些？ ………… 109
二、未成年人享有哪些基本权利？ ……………………… 110
三、什么是未成年人的生存权？ ………………………… 111
四、如何保护流浪乞讨等生活无着落未成年人的人身权？ 112
五、未成年人的监护人包括哪些人？ …………………… 113
六、未成年人的监护人有哪些监护职责和抚养义务？ …… 113
七、未成年人的父母外出打工不能履行监护职责怎么办？ 114
八、法律对父母或其他监护人侵害未成年人
人身权利的情况作了哪些相应的规定？ ……………… 115

九、对未成年人实施性侵害的行为应负什么责任？ ……… 116
十、拐卖、绑架、虐待未成年人，应该受到什么样的惩罚？ ………………………………… 117
十一、怎样区别“赡养”“扶养”“抚养”“收养”和“寄养”？ ……………………… 118
十二、收养未成年人，法律有何具体规定？ ……………… 119
十三、收养关系成立后，子女和生父母、养父母之间是什么关系？ ………………………… 120
十四、新闻媒体在报道未成年人犯罪时，是否可以披露该未成年人的姓名、照片等信息？如有披露，监护人应该如何维权？ … 121
十五、侵犯未成年人的隐私，应当承担什么责任？ ……… 122
十六、溺弃婴儿会受到什么处罚？ ……………………… 123
十七、父母可以让未成年子女一个人单独居住吗？可以和未成年子女断绝关系吗？ ……………… 125

第八章　未成年人的受教育权利……………………127

一、什么是未成年人的受教育权？ …………………… 127
二、未成年人的父母或者监护人对未成年人的教育负有哪些责任？ ………………………… 128
三、父母可以不送适龄儿童入学吗？如果父母不送适龄儿童入学，应该承担什么样的法律责任？ ……… 129
四、未成年学生被学校开除应该怎样维权？ …………… 130
五、品行有缺点的未成年学生应该如何维护自己的受教育权利？ ……………………………… 131
六、未成年人当中的残疾人应该怎样维护自己的受教育权利？ ……………………………… 132
七、被老师体罚的未成年学生应该怎样维权？ ………… 133
八、怎样认识幼儿园或学校变相体罚未成年学生的行为？未成年人的监护人应该如何维权？ ……………… 134

九、未成年人在幼儿园或者学校发生人身伤害事故时
应该如何维权？ …… 135
十、未成年学生被倒塌的校舍压死，
监护人应该怎样维权？ …… 136
十一、学校放假期间，未成年学生私自到
学校玩耍受到伤害，是否属于学生伤害事故？ …… 137
十二、未成年学生擅自离校期间受到伤害，
学校需要承担责任吗？ …… 138
十三、未成年学生伤害事故责任是怎样分类的？
混合型事故责任如何维权？ …… 139
十四、未成年学生在校上体育课导致猝死，
监护人应该怎样维权？ …… 140
十五、未成年人在使用公共文化设施方面
享有哪些特殊权利？ …… 141

第九章 未成年人的财产权利 …… 143

一、未成年人有没有物权？ …… 143
二、什么是未成年人的债权？ …… 144
三、未成年人是否可以拥有自己的知识产权？ …… 144
四、未成年人可以申请自己的专利吗？ …… 145
五、未成年人可以接受馈赠吗？
馈赠的财物属于未成年人个人的财产吗？ …… 146
六、未成年人损坏他人财产，父母需要赔偿吗？
可以用未成年子女的财产来赔偿吗？ …… 147
七、夫妻离婚后，应由谁对未成年子女的
侵权行为承担责任？ …… 148
八、监护人在什么情况下可以处理
未成年被监护人的财产？ …… 149
九、父母给未成年子女的财产造成损失，
未成年子女如何维权？ …… 150

十、未成年人怎样行使继承权？ …………………………… 150
十一、未出生的胎儿有继承遗产的权利吗？ ………………… 151
十二、未成年私生子怎样维护自己的继承权？ ……………… 152
十三、未成年的孙子能不能继承爷爷的遗产？ ……………… 154
十四、未成年的外孙能不能继承外公的遗产？ ……………… 154
十五、父母离婚后，未成年的子女因上学
等原因要求增加抚养费怎么办？ ……………………… 155
十六、未成年人买彩票中了大奖，是否有权接受奖金？ … 156

第十章　未成年人的劳动与社会保障权益……………………158

一、未成年人是否可以进入劳动力市场？ ……………………… 158
二、未成年人可以参加工作吗？他们不得从事哪些劳动？ 159
三、父母可以允许不满16周岁的子女外出打工吗？……… 160
四、非法使用童工的，应该承担什么责任？ ……………… 161
五、用人单位需要满足哪些条件才可以招用已满十六周岁、
未满十八周岁的未成年人？ ……………………………… 162
六、未成年人在劳动中伤残应该如何维权？ ……………… 162
七、未成年工被单位安排从事重体力劳动应该怎样维权？ 163
八、未成年工被单位安排从事有毒有害
危险工作应该如何维权？ ……………………………… 164
九、安排未成年工的工作岗位应该遵循什么原则？ ……… 165

第十一章　未成年人的医疗权益……………………………167

一、常见的儿科医疗事故与医患纠纷有哪些？ …………… 167
二、未成年人出现医疗事故应该如何维权？ ……………… 168
三、医院病历未保管好或被修改，
未成年人患者如何维权？ ……………………………… 169
四、未成年人患者因医生医疗过失造成
伤害应该怎样维权？ …………………………………… 170
五、婴儿出生时被产钳损伤，医院是否要承担责任？ …… 171

六、婴儿在产房被错抱，医院应该承担什么责任？……… 172
七、儿童免疫接种要不要缴费？
医院收取接种费应该如何维权？………………………… 173
八、未成年人患者是否享有自己的
病情及医疗活动的知情权？…………………………… 174
九、医疗设备出现故障给未成年人
造成伤害应该如何维权？……………………………… 175

第十二章 未成年人的消费权利………………………… 177

一、未成年人能否成为消费者？有没有消费权利？……… 177
二、商家可以将烟酒卖给未成年人吗？………………… 178
三、商家是否可以让未成年人进网吧和营业性歌厅、
舞厅等场所消费？法律有什么规定吗？……………… 179
四、商家将含有淫秽、暴力等内容的图书
或音像制品卖给未成年人是否要负法律责任？
应该负什么样的法律责任？…………………………… 180
五、未成年人自己购买的东西，父母可否找商家退货？… 181
六、婴儿被劣质奶粉所害，应该如何维权？…………… 182
七、未成年人玩鞭炮炸伤手应该怎样维权？…………… 183
八、未成年人在游乐场所受伤应该怎样维权？………… 184
九、未成年人在饭店就餐时被烫伤，饭店应负什么责任？… 185
十、未成年人在公园游泳溺水身亡应该怎样维权？……… 186

参考文献…………………………………………………… 187

上　篇

妇女维权法律知识

妇女在社会中的地位显示着一个国家的文明水平。妇女权益保障历来是一个国家文明程度的集中体现。随着我国法制建设的健全和发展，女性的法律地位和权益得到进一步的巩固和保障。因此，进一步推进男女平等基本国策的实施，关注和保护妇女合法权益，帮助广大妇女了解和运用妇女权益保障的法律知识，以更自尊、自信、自立、自强的风采，投身两个文明建设，是全社会的共同责任。

同时，妇女学法、懂法、守法、用法，用法律来维护自己的合法权益，是促进妇女生存与发展的关键所在。

上 篇

妇女维权法律知识

第一章　妇女的人身权利

一、什么是人身权？人身权有哪些特征？

人身权是相对于财产权的一种民事权利，是人格权和身份权的合称。它是指民事主体依法享有的，与其人身不可分离的，以人体、人格和身份利益为内容的无直接财产内容的民事权利，是民事主体依法享有的最基本的民事权利。人身权基于人身关系而产生，是人身关系在法律上的反映。人身权由人格权和身份权构成。

人格权是指民事主体依法固有的，以人身和人格利益为客体的民事权利，包括生命健康权、身体权、姓名（名称）权、肖像权、名誉权、荣誉权、隐私权、自由权等。人格权是民事主体的基本人权，如果不享有人格权，民事主体的人身权就失去了实际意义。

身份权是指作为民事主体的公民、法人基于一定的地位、资格或身份所享有的权利，是只存在于一定身份上的权利，包括监护权、亲权、配偶权、亲属权。

人身权具有如下特征。

（一）人身权为专属权。人身权的产生以权利主体的人格和身份为前提，是民事主体固有的权利。它随着公民的出生或法人的成立而产生，并随着公民的死亡或法人的注销而消灭。人身权是民事权利主体的必备权利。民事主体不能离开人身权而存在。人身权只有权利人本人才能享有和行使，不能通过转让或继承等方式由他人享有或行使。

（二）人身权为绝对权。这种权利的义务人不确定。该权利的行使不必借助他人的积极行为，只要义务人不加妨碍和侵犯，人身权就可以实现。

（三）人身权为没有直接财产内容的权利。人身权的客体是人格和身体，具有非财产性。人身权的非财产性仅指人身权不具有直接的财产内容，而不是指人身权与财产无任何关系。人身权与财产有一定的关联，某些人身权中具有间接的财产利益。

二、我国妇女享有哪些人身权利？

在我国，妇女享有以下7种人身权利。

（一）生命健康权。妇女的生命健康权是指妇女对自身的生命安全、身体健康、生理机能完整所享有的权利，具体还包括生命权、身体权和健康权。

（二）姓名权。姓名是一个公民区别于其他公民的符号，是一个人自身的标志。姓名权是指公民有权决定、使用和依照规定改变自己的姓名，禁止他人干涉、盗用和假冒。

（三）肖像权。妇女肖像权是指妇女拥有、使用和转让其肖像的人格权利，是一种专有权利，妇女有权禁止他人未经许可、以营利为目的使用自己的肖像。《中华人民共和国民法通则》（以下简称《民法通则》）第一百条规定："公民享有肖像权，未经本人同意，不得以营利为目的使用公民的肖像。"

（四）名誉权。妇女的名誉权是指妇女依法享有的保护自己的名誉不受他人侵犯的一种人格权利，妇女名誉权与妇女的人身不可分离，一定的名誉只能为特定的妇女享有。

（五）荣誉权。妇女的荣誉权是指妇女对自己的荣誉称号所享有的不受他人非法侵害的权利。妇女的荣誉权一经获得，未经法律规定的程序不得撤销或者非法剥夺，也不得继承和转让。

（六）婚姻自主权。公民有权依照法律的规定决定自己在婚姻上的选择，不受他人的强制和干涉。《民法通则》第一百零三条规定：

“公民享有婚姻自主权，禁止买卖、包办婚姻和其他干涉婚姻自由的行为。”

（七）隐私权。隐私权是人格权的一种，受法律保护。妇女隐私权是指妇女就自己的个人私事、个人信息、私人活动等个人生活领域内的事情享有不为他人知悉，禁止他人干涉的权利，是妇女人格权的一部分。

三、侵害女性生命健康权的行为有哪些？

《中华人民共和国妇女权益保障法》（以下简称《妇女权益保障法》）第三十八条规定：“妇女的生命健康权不受侵犯。禁止溺、弃、残害女婴；禁止歧视、虐待生育女婴的妇女和不育的妇女；禁止用迷信、暴力等手段残害妇女；禁止虐待、遗弃病、残妇女和老年妇女。”

现实生活中，侵害女性生命健康权的行为具体表现在以下几个方面。

（一）溺、弃、残害女婴。在我国农村，女婴被抛弃甚至杀害的现象仍有发生。抛弃和残害女婴是一种严重的犯罪行为。法律禁止抛弃和残害女婴。

（二）歧视、虐待生育女婴的妇女和不育的妇女。长期以来，由于重男轻女和传宗接代观念的存在，不仅在农村，甚至是城市也存在着歧视和虐待生育女婴和不育妇女的现象。《妇女权益保障法》明令禁止歧视和虐待生育女婴和不育妇女，这是保障妇女身心健康的重要法律依据。

（三）用迷信、暴力等手段残害妇女。由于几千年封建社会形成的对女性的歧视，现代社会中仍存在着残害妇女的现象，如强奸、家庭暴力。强奸作为传统犯罪的一种形式，已被刑法所明令禁止。家庭暴力也是严重侵害女性生命健康权的行为，亦为法律所禁止。

（四）虐待、遗弃病、残妇女和老年妇女。我国有关法律规定，家庭成员之间有相互扶养的义务，子女对父母有赡养的义务。虐待、遗弃病、残妇女和老年妇女，情节严重的，可能构成虐待罪、遗弃罪，应当依法追究法律责任。

四、侵害妇女姓名权、名称权的行为有哪些？

姓名权是指公民依法享有的决定、使用和变更自己姓名，并要求他人尊重其姓名的权利。名称权是指法人等依法享有的决定、使用、变更或转让自己的名称，并不受他人侵犯的一项人格权。

根据《民法通则》的有关规定，侵害他人姓名权、名称权的主要行为表现为以下几种。

（一）干涉他人决定、使用自己的姓名、名称。干涉他人决定、使用自己的姓名、名称是指强迫他人使用或不使用姓名、名称，或者强迫他人使用或不使用某个姓名、名称，或强迫其改变姓名、名称等行为。

（二）盗用他人姓名、名称。盗用他人姓名、名称是指未经他人同意，擅自使用他人姓名、名称，以他人名义进行民事活动，或从事不利于他人、不利于社会公共利益的活动等。

盗用他人姓名、名称往往是出于抬高自己的身价、名誉的动机，或牟取其他不正当利益。盗用他人姓名的特点在于并非妄称自己是某人，而只是以他人的名义行事，以达到自己的目的。

（三）假冒他人姓名、名称。假冒他人姓名、名称是指冒名顶替，通常包括以下两种情况。

第一，冒称他人的姓名、名称以及特定身份，或故意利用相同或近似的姓名、名称，冒充他人参加民事活动或其他行为，以谋取私利，损害他人权益。至于假冒他人笔名、艺名、别名等，只有当其为周围的人所熟知，并被人们认为是某个特定的人的情况下，才可认为是假冒他人的姓名。

第二，应使用他人姓名而不使用者，以及丑化、涂抹、侮辱、亵渎性地使用他人姓名、名称者，也构成对他人姓名、名称权的侵害。

五、侵害妇女名誉权的行为表现方式有哪些?

名誉权是指公民和法人对自己在社会生活中所获得的评价,即自己的名誉,依法所享有的不可侵犯的权利。名誉权具有法定性、人身专有性和与财产相关联的特点。

常见的侵害他人名誉权的行为有以下几种。

(一)侮辱行为。所谓侮辱是指故意以暴力、语言、文字等方式贬低他人人格、毁损他人名誉。

口头侮辱表现为以口头语言对他人进行嘲笑、谩骂,使他人蒙受耻辱;文字侮辱表现为以书面语言的形式侮辱、嘲笑他人,贬损他人人格;暴力侮辱表现为施加暴力或以暴力相威胁,使他人蒙受耻辱。对法人的侮辱不包括暴力方式。

(二)诽谤行为。所谓诽谤是指行为人因故意或过失散布某种虚假的事实,损害他人的名誉。

诽谤是侵害名誉权的典型行为,多以文字和语言的方式进行。文字诽谤即通过书写文字,将捏造的虚假事实进行散布,损毁他人名誉;语言诽谤即通过语言将捏造的虚假事实加以散布,使他人名誉受到损害。

(三)侮辱、诽谤之外的其他行为。除侮辱、诽谤之外,因新闻报道严重失实,致他人名誉受到损害的,应当按照侵害他人名誉权处理;评论员对他人的某种行为或某种事实所作的评论严重不当,致他人名誉受到损害的,构成对名誉权的侵害;因侵害名誉权以外的其他人格权以及知识产权等同时造成对他人名誉权的侵害的行为。

构成侵害他人名誉权赔偿责任,除必须具备上述侵害他人名誉权的违法行为外,还必须同时具备以下三个要件:一是有受害人名誉权受损害的后果;二是侵权行为与损害后果之间具有因果关系;三是侵权人主观上具有过错。

六、妇女的荣誉权受到侵害应当怎样维权?

我国法律规定男女平等,妇女的合法权益受到法律保护,但是,在现实生活中，仍然有侵害妇女合法权益的不法行为，比如，妇女的荣誉权受到侵害。

妇女的荣誉权一旦受到侵害，应该怎样进行维权？

（一）对正在进行的侵害荣誉权的行为，应责令其停止侵害，而对已使荣誉被非法剥夺的侵权案件，应责令侵权人为受害人恢复被剥夺的荣誉称号，并赔礼道歉，消除已经造成的影响。

（二）对非法剥夺扣押的相应物质利益，应责令侵权人返还，已经损坏的，应承担修理、重做、补发等责任。

（三）对因侵权行为而造成的物质损失中的直接损失部分，侵权人应当进行赔偿，而对于间接损失部分则应视具体情况而定。

如果是因荣誉称号被非法剥夺而造成的“退货”、取消合同等，由此造成的损失，应责令侵权人赔偿。

对于没有签订的合同，或只是有可能建立经济往来的，最后由于荣誉称号被剥夺而没有实现的，不应列入赔偿范围。

（四）对于因荣誉权受到侵害而造成的公民的精神痛苦而要求赔偿的，应根据《最高人民法院关于贯彻执行〈中华人民共和国民事诉讼法〉若干问题的意见（试行)》第一百零五条的规定，根据侵权人的过错程度、侵权行为的具体情节、后果和影响具体确定赔偿责任。《民法通则》第一百二十条规定：“公民的姓名权、肖像权、名誉权、荣誉权受到侵害的，有权要求停止侵害，恢复名誉，消除影响，赔礼道歉，并可以要求赔偿损失。”

根据这条规定，凡是有侵害妇女荣誉权的，受害人有权责令侵权人承担停止侵害、赔礼道歉、恢复名誉、消除影响、返还物质利益及赔偿损失的责任，对于由此造成的受害人的精神痛苦，侵害人也应赔偿损失。

七、妇女的隐私权受到侵害应该怎样维权？

相对男性而言，妇女的隐私更多，比如，妇女独有的身体状况。

所谓隐私，即每个人自己的不能说或者不愿说的秘密，是指个人的与社会公共生活无关的信息和私人活动。比如：个人的身体状况、身高、体重、年龄、经济收入、日常生活、社会交往、夫妻生活等。2010年7月1日开始实施的《中华人民共和国侵权责任法》（以下简称《侵权责任法》）首次明确规定了保护隐私权。

日常生活中，侵害妇女隐私权的现象非常普遍。比如，某媒体有一条报道：准新郎新娘到妇幼保健站进行婚检。婚检完毕看录像时，工作人员拖着检查结果过来对大家说："发现有几个人患有性病，不宜马上结婚。我念一下这几个人的名字。"被念到名字的准新娘觉得无脸见人。这位工作人员的行为已经侵害了妇女的隐私权。

《妇女权益保障法》第四十二条规定："妇女的名誉权、荣誉权、隐私权、肖像权等人格权受法律保护。禁止用侮辱、诽谤等方式损害妇女的人格尊严。禁止通过大众传播媒介或者其他方式贬低损害妇女人格。未经本人同意，不得以营利为目的，通过广告、商标、展览橱窗、报纸、期刊、图书、音像制品、电子出版物、网络等形式使用妇女肖像。"

《侵权责任法》第二条规定："侵害民事权益，应当依照本法承担侵权责任。本法所称民事权益，包括生命权、健康权、姓名权、名誉权、荣誉权、肖像权、隐私权、婚姻自主权、监护权、所有权、用益物权、担保物权、著作权、专利权、商标专用权、发现权、股权、继承权等人身、财产权益。"

《侵权责任法》第三条规定："被侵权人有权请求侵权人承担侵权责任。"

妇女的隐私权一旦遭到侵害，受害人可以拿起法律武器自我保护，进行维权。受害人可以向法院起诉，要求停止侵权，要求赔偿。

八、妇女的人身自由受到限制应该怎样维权？

人身自由是人身权利的组成部分，是公民的基本权利之一。

人身自由是指公民在法律允许的范围内，有按照自己的意志行事的自由。我国《宪法》规定，中华人民共和国公民的人身自由不受侵犯。任何公民，非经人民检察院批准或者人民法院决定，并由公安机关执行，不受逮捕。禁止非法拘禁和以其他方法非法剥夺公民的人身自由，禁止非法搜查公民的身体。妇女如果自己的人身自由受到限制，可以向公安机关报警，向法院起诉。

《妇女权益保障法》第三十七条规定："妇女的人身自由不受侵犯。禁止非法拘禁和以其他非法手段剥夺或者限制妇女的人身自由；禁止非法搜查妇女的身体。"

《中华人民共和国刑法》（以下简称《刑法》）第二百三十八条规定："非法拘禁他人或者以其他方法非法剥夺他人人身自由的，处三年以下有期徒刑、拘役、管制或者剥夺政治权利。具有殴打、侮辱情节的，从重处罚。犯前款罪，致人重伤的，处三年以上十年以下有期徒刑；致人死亡的，处十年以上有期徒刑。使用暴力致人伤残、死亡的，依照本法第二百三十四条、第二百三十二条的规定定罪处罚。为索取债务非法扣押、拘禁他人的，依照前两款的规定处罚。国家机关工作人员利用职权犯前三款罪的，依照前三款的规定从重处罚。"

案例 女青年曹某与男青年张某在网上认识，见面后两人开始交往，并且关系发展迅速。张某买了一辆丰田牌小车给曹某开。不久，两人登记结婚。结婚后曹某就不露面了，连电话也不接。

张某找朋友帮忙，寻找丰田小车。终于在一家地下室车库找到了那辆车。张某和朋友一起冲上去将曹某用绳子捆了起来，并且带到朋友家里。曹某被关了一天一夜。第三天，曹某报警。

几天后，在民政局办理离婚时，张某被公安机关逮捕。

九、什么是拐卖妇女儿童罪？应该如何处罚？

《妇女权益保障法》第三十九条规定："禁止拐卖、绑架妇女；禁止收买被拐卖、绑架的妇女；禁止阻碍解救被拐卖、绑架的妇女。"

拐卖妇女儿童罪，是指以出卖为目的，拐骗、收买、贩卖、接送或者中转妇女、儿童的行为。

拐骗是指用欺骗、利诱等手段使妇女、儿童脱离家庭或者监护人，以便贩卖的行为。

收买是指为了再转手高价卖出而从拐卖、绑架妇女、儿童的犯罪分子手中买来被害妇女、儿童的行为。

贩卖是指拐卖妇女、儿童的犯罪分子将拐骗、收买来的妇女、儿童转卖于他人的行为。

接送或者中转是指在共同进行拐卖妇女、儿童的犯罪活动中，负责藏匿、移送、接转被拐卖的妇女、儿童的行为。

我国《刑法》第二百四十条规定，根据拐卖妇女、儿童犯罪的实际情况，将法定刑划分为三个层次。

一是拐卖妇女、儿童的，处5年以上10年以下有期徒刑，并处罚金。

二是拐卖妇女、儿童犯罪情节严重的。具体内容指：①拐卖妇女、儿童集团的首要分子；②拐卖妇女、儿童3人以上的；③奸淫被拐卖的妇女的；④诱骗、强迫被拐卖的妇女卖淫或者将被拐卖的妇女卖给他人迫使其卖淫的；⑤以出卖为目的，使用暴力、胁迫或者麻醉方法绑架妇女、儿童的；⑥以出卖为目的，偷盗婴幼儿的；⑦造成被拐卖的妇女、儿童或者其亲属重伤、死亡或者其他严重后果的；⑧将妇女、儿童卖往境外的。

有上列情节之一的，处10年以上有期徒刑或者无期徒刑，并处罚金或者没收财产。

三是情节特别严重的，处以死刑，并处没收财产。

十、保护生育女婴和不育的妇女有哪些法律规定？

《中华人民共和国人口与计划生育法》（以下简称《人口与计划生育法》）第二十二条规定："禁止歧视、虐待生育女婴的妇女和不育的妇女。禁止歧视、虐待、遗弃女婴。"

所谓歧视，是指违反男女平等原则，基于男女性别上的差异，而对妇女给予不公正的对待，表现在行为上是用打骂、冷漠、施以某种压力等方式折磨妇女。

所谓虐待，是指在家庭生活中，对共同生活的妇女从肉体和精神上进行摧残迫害的行为，具体表现为经常性的打骂、体罚、冻饿、强迫从事过重劳动等。

发生歧视、虐待生育女婴的妇女和不育的妇女的原因，主要是存在一些传统观念。我国是一个经历封建社会比较长的国家，在许多人的心目中“重男轻女”“不孝有三，无后为大”等封建思想还根深蒂固。

因此，在一些经济、文化比较落后的地区，对于生育女婴或者不育妇女的歧视、虐待现象时有发生。这种歧视可能来自家庭成员，也可能来自社会外界，往往给妇女造成很大的心理伤害。虐待通常来自家庭成员，主要是丈夫，还可能是其他长辈。

对于歧视生育女婴的妇女和不育的妇女的行为，法律予以严格禁止。如果有歧视行为的，根据《人口与计划生育法》第五十七条的规定，由侵害人所在单位、主管部门或者上级机关责令改正，直接负责的主管人员和其他直接责任人员属于国家工作人员的，由其所在单位或者上级机关依法给予行政处分。对于虐待生育女婴的妇女和不育的妇女的行为，《人口与计划生育法》予以严格禁止。

我国《刑法》第二百六十条规定：“虐待家庭成员，情节恶劣的，处二年以下有期徒刑、拘役或者管制。犯前款罪，致使被害人重伤、死亡的，处二年以上七年以下有期徒刑。第一款罪，告诉的才处理。”

十一、法律有关“性骚扰”是如何规定的？妇女如何对付“性骚扰”？

所谓“性骚扰”，一般是指在工作场所或是其他场所，一方向另一方做出不受欢迎、与性有关的言语或举动，包括不情愿的身体接触、提出与性相关的行为作为给予某种利益的条件、不涉及身体接触但与性相关的言语、图文展示及姿势或者其他手段，给另一方造成一定的身心伤害和痛苦的行为。

修改后的《妇女权益保障法》第四十条规定："禁止对妇女实施性骚扰。受害妇女有权向单位和有关机关投诉。"

法律明文禁止性骚扰，是妇女权益保障法修正案的一大亮点，是我国立法史上首次响亮地对性骚扰说"不"。这无疑会给那些卑鄙、下流的性骚扰者以强力震慑，大大减少各类性骚扰事件的发生。

受到性骚扰的女性可以向单位以及妇联等有关机关投诉；行为人构成违反治安管理行为的，受害人可以提请公安机关对违法行为人给予行政处罚，也可依法向人民法院起诉。

性骚扰案件最困难的地方就是取证。由于性骚扰通常是私密行为，总是躲在旁人的视线以外。是否"性骚扰"难以说清，因此，当事人必须留心寻找证据。通常可以采取以下方式应对性骚扰。

第一，大声喊叫。受到性骚扰时，在条件许可的情况下冲出门，大声喊叫，让周围的人成为你的证人。

第二，留下痕迹。当骚扰者接近时，充分发挥牙齿、指甲的威力，在骚扰者身上留下痕迹，以作证据。

第三，事先准备。如果是固定的性骚扰者，还可以做一些事先准备。当知道可能被其骚扰时，提前告诉同事或者好朋友，进门时别插上门栓等，让第三人适时解救，并且作证。

第四，尽可能保留证据。如对方发给你的短信，写给你的便条，送给你的淫秽画片或书刊、录像等，把骚扰发生的时间、地点和对方的行为、说话记录下来，这些都可作为日后投诉的证据。

十二、什么是卖淫嫖娼？与卖淫嫖娼有关的犯罪主要有哪些？

《妇女权益保障法》第四十一条规定："禁止卖淫、嫖娼。禁止组织、强迫、引诱、容留、介绍妇女卖淫或者对妇女进行猥亵活动。禁止组织、强迫、引诱妇女进行淫秽表演活动。"卖淫嫖娼活动，不仅严重败坏社会风气，危害社会治安秩序，而且危害人民身体健康。

组织卖淫罪，是指以招募、雇佣、强迫、引诱、容留等手段，策划、组织和控制多人从事卖淫活动的行为。在歌厅、发廊或其他娱乐场所，老板强迫女服务员卖淫是犯罪行为，其行为构成组织卖淫罪，依法应从重处罚。

我国《刑法》第三百五十八条规定："组织他人卖淫或者强迫他人卖淫的，处五年以上十年以下有期徒刑，并处罚金；有下列情形之一的，处十年以上有期徒刑或者无期徒刑，并处罚金或者没收财产：(一)组织他人卖淫，情节严重的；(二)强迫不满十四周岁的幼女卖淫的；(三)强迫多人卖淫或者多次强迫他人卖淫的；(四)强奸后迫使卖淫的；(五)造成被强迫卖淫的人重伤、死亡或者其他严重后果的。有前款所列情形之一，情节特别严重的，处无期徒刑或者死刑，并处没收财产。协助组织他人卖淫的，处五年以下有期徒刑，并处罚金；情节严重的，处五年以上十年以下有期徒刑，并处罚金。"

引诱、容留、介绍卖淫罪，是指引诱、容留、介绍他人卖淫的行为。我国《刑法》第三百五十九条规定："引诱、容留、介绍他人卖淫的，处五年以下有期徒刑、拘役或者管制，并处罚金；情节严重的，处五年以上有期徒刑，并处罚金。引诱不满十四周岁的幼女卖淫的，处五年以上有期徒刑，并处罚金。"

聚众淫乱罪，是指聚集多人进行淫乱活动，破坏社会风化的行为。明知自己患有梅毒、淋病等严重性病而卖淫、嫖娼的行为，构成传播性病罪。我国《刑法》第三百六十条第一款规定，犯该罪的处五年以下有期徒刑、拘役或者管制，并处罚金。

十三、妇女受到猥亵、侮辱后怎么办？

妇女受到侮辱及猥亵，要看行为的情节是否严重，可以采取不同的措施来捍卫自己的权利。

如果属于一般的侮辱、猥亵行为，即行为者没有采用暴力、胁迫或其他强制方法，也没有造成严重的危害后果的，受害妇女可以及时向公安机关报案，公安机关应根据我国《治安管理处罚法》第四十二条和第四十四条的规定，对加害者处以拘留或罚款等行政处罚。如果情节严重，构成了我国《刑法》规定的犯罪，则要由人民检察院提起公诉，由人民法院判处刑事处罚。如果构成《刑法》第二百三十七条的“强制猥亵、侮辱妇女罪”的行为，以暴力、胁迫或者其他方法强制猥亵妇女或者侮辱妇女的，处五年以下有期徒刑或者拘役。聚众或者在公共场所当众犯前款罪的，处五年以上有期徒刑。

案例　1999年11月12日6时许，被告人刘某、冯某来到海口市机场东路“花之俏”发廊二楼，敲被害人符某（女）、杨某(女)的房门，见符、杨未做反应，被告人冯某便踢开房门强行进入房间，对正在睡觉的二位被害人进行恐吓。被告人冯某当场对杨某进行殴打后，将她带到隔壁一房间。接着，被告人刘某进入该房间，与符某发生性关系。案发后，海口市振东区人民检察院以被告人刘某犯强制猥亵妇女罪和强奸罪、被告人冯某犯强制猥亵妇女罪向海口市振东区人民法院提起公诉。海口市振东区人民法院经不公开开庭审理后认为，被告人刘某、冯某伙同他人以暴力、胁迫的手段，违背妇女意志，分别强行与妇女发生性关系及强制猥亵妇女，被告人刘某的行为构成强奸罪，被告人冯某的行为构成强制猥亵妇女罪。依照《中华人民共和国刑法》第二百三十六条第一款、第二百三十七条第一款的规定，于2000年7月6日做出刑事判决如下：被告人刘某犯强奸罪，判处有期徒刑4年；被告人冯某犯强制猥亵妇女罪，判处有期徒刑2年。

十四、妇女遭受非法搜查后应该如何维权？

非法搜查女性身体，是指具有搜查权的机关未办理法定手续，未经法定程序，或没有搜查权的机关、人员对女性身体进行搜查、检查的不法行为。在我国，拥有搜查权的机关只有公安机关和人民检察院（特殊情况下包括国家安全机关和军队保卫部门），其他任何机关、集体和个人都无权搜查。而且，搜查女性身体必须由女性工作人员进行，这是对女性权益的特殊保护。

对于已发生的非法搜查，处置方法有三种。

（一）行为人在毫无法律依据的情况下对他人的人身和住宅进行搜查，严重侵犯了他人人身自由权利和居住安全，触犯刑法第二百四十五条，可能构成非法搜查罪。行为人属于国家工作人员的，被害人可以向检察机关控告，检察机关应当以非法搜查罪立案侦查。行为人属于司法工作人员的，从重处罚。行为人属于非国家工作人员的，被害人可向公安机关控告，由公安机关以非法搜查罪立案侦查。

（二）侦查人员在执行搜查任务时，没有严格遵守和执行法定的搜查手续或程序，如搜查未出示搜查证或未请见证人到场，搜查妇女时不是由女性工作人员进行等，属于合法搜查中出现的违法现象，对于造成严重后果的直接责任者，可由其所在单位酌情给予适当的行政处罚。

（三）如果行为人出于善良的动机并经被搜查人同意而实施了非法搜查他人人身或住宅的行为而造成严重后果的，应以第一种情况处理。尚未造成严重后果的，可以由行为人单位或有关部门出面调处，受害人也可以根据《民法通则》的有关权益规定，向人民法院起诉，要求赔偿损失，消除影响，恢复名誉，赔礼道歉。

《妇女权益保障法》第三十七条规定，禁止非法搜查妇女的身体。对非法搜查女性身体构成犯罪的，依照我国《刑法》第二百四十五条规定追究行为人的刑事责任，处三年以下有期徒刑或者拘役。

十五、妇女在孕期和哺乳期犯罪是否要承担刑事责任？

妇女在孕期和哺乳期犯罪，也要依法承担刑事责任，只是其承担的方式会有所不同。

具体来说，对于在刑事审判时怀孕的妇女不适用死刑；对于已经判决了死刑但是在执行死刑时，法院发现罪犯身怀有孕，也应当停止执行，并且立即报请最高人民法院依法改判。

法律对怀孕的妇女不适用死刑的规定，体现了我国在死刑适用上坚持少杀、慎杀的刑事政策，也体现了立法上的人道主义精神。

对于在执行有期徒刑、拘役的妇女，如果正处于哺乳期或孕期，应该在哺乳期间内（婴儿满1岁时为止）和怀孕期间暂时予以监外执行刑罚。

根据我国法律规定，对下列两种人不能适用死刑。

（一）犯罪时不满18周岁的未成年人。

未成年人由于其生理和心理发育尚未成熟，社会阅历、社会经验也有限，规定对其不适用死刑（包括死刑缓期二年执行）。这样规定主要是出于对未成年人保护和刑事责任能力角度的考虑，而且也与我国已经批准加入的《儿童权利公约》中的有关规定相一致。不满18周岁，是决定是否适用死刑的年龄界限，在司法实践中应当一律按公历年、月、日计算实足年龄。必须是过了18岁生日的第二天起，才认为已满18周岁。

（二）对于在审判的时候怀孕的妇女也不能适用死刑（包括死刑缓期二年执行）。

法律所指的审判时，并不是狭义的指开庭审判时，而是泛指从侦查羁押时起至审判的全过程，不能理解为在起诉以后。审判时怀孕的妇女如果发生人工流产或自然流产的，仍被视为孕妇。

第二章　妇女的婚姻家庭权益

一、未婚同居属于事实婚姻吗？是否受法律保护？

所谓事实婚姻，是相对法定婚姻而言的，指没有配偶的男女双方，未依法进行结婚登记，便以夫妻名义同居生活，周围群众也认为是夫妻关系的两性结合。对于未办理结婚登记而以夫妻名义共同生活的，不一定都属于事实婚姻。同居与事实婚姻是有区别的。

2004年4月1日起实施的《最高人民法院关于〈中华人民共和国婚姻法〉若干问题的解释（二）》第一条规定，当事人起诉请求解除同居关系的，人民法院不予受理。但当事人请求解除的同居关系，属于《中华人民共和国婚姻法》（以下简称《婚姻法》）第三条、第三十二条、第四十五条、第四十六条规定的“重婚”或者“有配偶者与他人同居”的，人民法院应当受理并依法予以解除。

由此可见，双方均无配偶而同居的，不受法律保护。一方或者双方有配偶而同居的，属于违法行为。

案例　易某（女）与被告严某（男），自1990年3月12日开始同居，并生育二子：严一(15岁)，严二（12岁）。2002年2月27日，被告因犯抢劫罪被判刑7年。在严某服刑期间，易某一人将两个孩子抚养成人，并用经营服装的盈利于2003年买下一栋房屋。

2007年6月1日，严某从监狱减刑释放后，总是怀疑易某有新欢。两人为此多次发生口角，严某曾经打过易某。因此易某请求法院判令解除与被告严某的非法同居关系。

法院经过调查审理，判决他们解除同居关系，位于县城新桥西路304号的住宅归原告所有；次子严二由原告抚养，长子严一归被告抚养，抚养费各自承担。

二、订婚算数吗？有没有法律效力？如果退婚，彩礼退不退？

在我国的婚姻传统中，人们习惯上让有结婚意向的男女双方在结婚前进行订婚，即订立一个以结婚为目的的婚约，以便约束双方。

这种婚约既可能以文字的形式记录，也可能以行为的方式表现，比如，男女双方举行“订婚仪式”，举办宴席，请双方亲友喝酒等。

对于民间依据地方习俗而进行的婚约问题，我国法律没有明确规定，既未明文禁止，也未明确其法律效力。因此，这种传统的“私订终身”的订婚方式，并没有法律效力，任何形式的“婚约”并不受到法律的保护，不能在现代社会产生“合法婚姻”的强制力。订婚不是结婚的依据，不算正式的法律意义上的夫妻。所以，男女双方既有订婚的自由，也有退婚的自由。

按照我国《婚姻法》的相关规定，究竟什么才能证明婚姻的效力呢？简而言之，就是“合法有效的结婚登记”。

值得注意的是，尽管“婚约”以及“订婚行为”并不具有强制执行力，但订立“婚约”以及“订婚行为”仍然是男女双方的自由权利。所以，订立婚约或者实施了其他订婚行为的男女双方仍然可以自愿履行其约定，也可以在通知对方的情况下，实施“悔婚”行为，解除约定，即“退婚”或者“退亲”。

不过，对于悔婚行为产生的财产纠纷，比如，女方所收的“彩礼”，男方请求返还的，在双方未完成结婚登记，或者尽管登记但并未共同生活，且现已解除婚约，应当返还“彩礼”。

《最高人民法院关于适用〈中华人民共和国婚姻法〉若干问题的解释（二）》第十条，当事人请求返还按照习俗给付的彩礼的，如果查明属于以下情形，人民法院应当予以支持：

（一）双方未办理结婚登记手续的；

（二）双方办理结婚登记手续但却未共同生活的；

（三）婚前给付并导致给付人生活困难的。

三、结婚需要达到哪些条件？

根据《婚姻法》的有关规定，结婚必须同时满足以下4个条件。

（一）男女双方完全自愿。男女双方完全自愿，即由当事人本人决定是否结婚，与谁结婚。而当事人双方自愿结婚的意思表示必须符合法定方式，必须由当事人双方亲自到婚姻登记机关提出申请，进行登记，始为有效。

（二）达到法定结婚年龄。法定婚龄也称适婚年龄，是指法律规定的最低结婚年龄。我国法定的婚龄是男不得早于二十二周岁，女不得早于二十周岁。

（三）符合一夫一妻制。我国实行一夫一妻制，结婚当事人不属于重婚，有配偶者只能在原婚姻关系终止后方可再婚，否则即构成重婚。

（四）不存在禁止结婚的情形。我国《婚姻法》明确规定了两种禁止结婚的情形。

（1）直系血亲和三代以内的旁系血亲。

（2）患有医学上认为不应当结婚的疾病。

对于有禁止结婚的亲属关系的，或婚前患有医学上认为不应当结婚的疾病，婚后尚未治愈的，均导致婚姻无效。

我国《婚姻法》第十条还规定：有下列情形之一的，婚姻无效：

（一）重婚的；（二）有禁止结婚的亲属关系的；（三）婚前患有医学上认为不应当结婚的疾病，婚后尚未治愈的；（四）未到法定结婚年龄的。

我国《婚姻法》第十二条规定了无效或被撤销的婚姻自始无效，当事人不具有夫妻的权利和义务。同居期间所得的财产，由当事人协议处理；协议不成时，由人民法院根据照顾无过错方的原则判决。这就意味着一旦婚姻无效，无效婚姻关系双方中的任意一方均不能依据婚姻关系主张夫妻财产共有、互负扶养义务等。无效婚姻对受害一方造成的损害是显而易见的。

四、准备结婚，是否一定要做婚前检查？

为了婚姻的幸福和家庭的稳定，婚前检查是很有必要的。婚前检查具有以下几方面重要的意义。

（一）有利于未婚夫妇双方的健康。婚前检查提供了一次全面的、系统的健康检查的机会，可以发现疾病并及时治疗，特别是对暂时不宜结婚的疾病，例如麻风病、结核病活动期、精神病和急性传染病，严重的心脏病、肝脏病、肾脏病等，都暂时不宜结婚，必须等健康状况好转或疾病治愈后，才能结婚。这对双方和未来的子女都是有好处的。

（二）有利于未来的家庭幸福、夫妻生活的和谐。婚前检查是对身体各部位进行检查，当然也包括生殖器官的检查。这样就可以了解男女双方的生殖器官是否有先天畸形或异常，如女性的处女膜闭锁、先天无阴道、阴道横隔，男性的隐睾、尿道下裂、包皮过长以及两性畸形等。患有这些疾病的人要经过手术治疗后才能结婚。如果事先不检查、不治疗，会给夫妻双方带来痛苦。

（三）有利于后代的健康。婚前检查是优生的第一步，是一次优生监督。通过婚前家族史的咨询和调查，可以发现一些明显的遗传病和遗传缺陷，通过判定，对未来子女是否有患遗传病的危险进行分析。

婚前医学检查不再是结婚登记的前提条件。根据以前的《婚姻登记管理条例》（已废止）和《母婴保健法》有关规定，在实行婚前健康检查的地方，当事人双方结婚登记前，必须到指定的医疗保健机构进行婚前健康检查，双方到婚姻登记管理机关申请结婚登记时，向婚姻登记管理机关提交婚前健康检查证明。

2003年10月1日起施行的《婚姻登记条例》，不再要求申请结婚登记时提交婚前医学健康检查证明，即我国现在已经取消强制婚检，实行婚检自愿的政策。

五、如何办理结婚登记？需要提供哪些证明和材料？

根据我国《婚姻登记条例》第四条规定：“内地居民结婚，男女双方应当共同到一方当事人常住户口所在地的婚姻登记机关办理结婚登记。”

第五条规定，办理结婚登记的内地居民应当出具下列证件和证明材料。

（一）本人的户口簿、身份证。

（二）本人无配偶以及与对方当事人没有直系血亲和三代以内旁系血亲关系的签字声明。

办理结婚登记的香港居民、澳门居民、台湾居民应当出具下列证件和证明材料

（一）本人的有效通行证、身份证。

（二）经居住地公证机构公证的本人无配偶以及与对方当事人没有直系血亲和三代以内旁系血亲关系的证明。

办理结婚登记的华侨应当出具下列证件和证明材料

（一）本人的有效护照。

（二）居住国公证机构或者有权机关出具的、经中华人民共和国驻该国使（领）馆认证的本人无配偶以及与对方当事人没有直系血亲和三代以内旁系血亲关系的证明，或者中华人民共和国驻该国使（领）馆出具的本人无配偶以及与对方当事人没有直系血亲和三代以内旁系血亲关系的证明。

办理结婚登记的外国人应当出具下列证件和证明材料

（一）本人的有效护照或者其他有效的国际旅行证件。

（二）所在国公证机构或者有权机关出具的、经中华人民共和国驻该国使（领）馆认证或者该国驻华使（领）馆认证的本人无配偶的证明，或者所在国驻华使（领）馆出具的本人无配偶的证明。

六、妇女要做流产，丈夫有权阻止吗？

人工流产涉及的主要法律问题是当事人的生育权。生育权是公民的权利，它与人类的繁衍息息相关，不能被随意剥夺。

法律规定的“生育权”，是指公民享有生育子女及获得与此相关的信息和服务的权利，不过随着社会的发展，“生育权”本身的范围也开始有所变化，不再单纯强调公民对生育子女的绝对自由，而开始强调公民要“自由而负责地决定生育子女的时间、数量和间隔”。

《人口与计划生育法》第十七条规定：“公民有生育的权利，也有依法实行计划生育的义务，夫妻双方在实行计划生育中负有共同的责任。”

《妇女权益保障法》第五十一条规定：“妇女有按照国家有关规定生育子女的权利，也有不生育的自由。”

因此，丈夫无权干涉妻子做人工流产。

值得注意的是，由于生育子女需要夫妻双方的共同参与，而与此同时，目前我国对于丈夫的生育权的具体范围及其行使缺乏明确细致的规定，因此，夫妻双方发生生育权纠纷后，还是应该本着“互相尊重，互谅互让”的原则协商处理；对于协商不成，且已导致夫妻关系破裂，以“侵犯生育权”为由起诉到法院的，法院如果仍不能成功调解，只能作出离婚判决。

实践中，接收人工流产病患的医疗机构对待“人工流产是否需要丈夫签字”做法不一，这也使得意外怀孕的女性仍然有机会在未经得丈夫同意的前提下实施“人工流产”手术，对于未婚女性更是如此。不过尽管丈夫并不能强迫妻子生下孩子，对于怀孕的事实，丈夫仍然享有知情权。

七、法律上对重婚是如何认定的？

“一夫一妻”是我国婚姻法的基本原则，也是建立和谐的婚姻家庭关系的必备要素，坚持“一夫一妻制”就必须反对重婚。

所谓“重婚”，是指有配偶的人又与他人结婚或以夫妻名义共同生活，或明知他人有配偶而与之结婚或者与之以夫妻名义共同生活的行为。重婚包括两种情形：“法律上的重婚”和“事实上的重婚”。“法律上的重婚”是指前婚尚未解除又与他人登记结婚的行为，“事实上的重婚”则是指前婚尚未解除又与他人以夫妻名义共同生活的行为。

由于重婚行为严重违反社会公德，我国《刑法》规定了“重婚罪”，并对之进行相应的刑罚处罚。重婚案件的情形较为复杂，特别是“事实上的重婚”，因此，实践当中对重婚的界定一般把握以下原则。

（一）普通的未婚同居关系自行解除后，又与他人登记结婚的，不构成重婚。

（二）事实婚姻关系只有经诉讼程序解除之后，当事人方可与他人另行登记结婚，否则，将构成重婚。

（三）有配偶者与他人对外不以夫妻名义相称而共同生活的，将根据实际情况，结合双方共同生活的时间长短、稳定程度等因素，由法官自由裁量。明显规避法律的，仍按重婚论处。

（四）夫妻双方或者一方向法院起诉离婚，在案件审理或上诉期间，又与他人结婚的，一般情况下应认定为重婚。

（五）有配偶者被拐卖后被迫再婚的，或者因不堪虐待出逃后与他人结婚的，尽管从客观上来看，具有重婚的事实，但由于当事人主观恶性不大，可不按重婚罪论处。

重婚属于法律规定的无效婚姻的情形，因此，重婚自始无效，其同居期间所得财产，由双方协商，协商不成，则由法院按照有利于无过错方的原则判决。

八、妇女应该如何应对家庭暴力？

家庭暴力是针对家庭成员的人身侵害行为，其影响却远远超出了家庭范围，因此，“禁止家庭暴力”是世界各国婚姻家庭法律的基本原则之一。在我国，法律所禁止的“家庭暴力”是指以殴打、捆绑、残害、强行限制人身自由或者其他手段，给家庭成员的身体、精神等方面造成一定伤害后果的行为。

《婚姻法》第三条规定：“禁止家庭暴力。禁止家庭成员间的虐待和遗弃。”第四十五条规定：“对重婚的，对实施家庭暴力或虐待、遗弃家庭成员构成犯罪的，依法追究刑事责任。受害人可以依照刑事诉讼法的有关规定，向人民法院自诉；公安机关应当依法侦查，人民检察院应当依法提起公诉。”

第四十六条规定：“有下列情形之一，导致离婚的，无过错方有权请求损害赔偿。（一）重婚的；（二）有配偶者与他人同居的；（三）实施家庭暴力的；（四）虐待、遗弃家庭成员的。”

案例　庄某（女）、范某（男）二人于1997年经他人介绍认识并订婚，1997年11月28日生育一子，2000年举行婚礼。

婚后，范某多次打骂妻子，给女方造成了很大的精神和肉体痛苦。2000年上半年，庄某发现范某有外遇，双方发生争吵，范某殴打庄某致使其眼眶出血、右脸颊严重红肿。2006年7月3日，庄某因身体欠佳与范某一起去看病，在回家的路上，双方为家庭琐事发生争执，范某不顾女方身体虚弱，拿砖头将其砸伤。

庄某曾于2006年8月提起离婚诉讼。诉讼中，范某及其家人向庄某保证被告将改正错误，庄某撤回起诉。撤诉后，双方没有真正和好，庄某于2007年4月再次以感情不和，遭受家庭暴力为由提出离婚诉讼。法院经审理认为范某屡次实施家庭暴力是过错方，因此判决二人离婚，并要求范某支付给庄某1万元的精神损害赔偿金。

九、怎样办理离婚？

《中华人民共和国婚姻登记条例》第十条规定：“内地居民自愿离婚的，男女双方应当共同到一方当事人常住户口所在地的婚姻登记机关办理离婚登记。”

我国目前的离婚方式有两种：协议离婚和诉讼离婚。两种方式都能实现离婚的目的，但各有利弊，其程序也有所不同，所以当事人应根据实际情况，选择适合自己的离婚方式。

（一）协议离婚。协议离婚是指夫妻双方就离婚事项达成协议，并在婚姻登记机关依法定程序，解除婚姻关系的法律制度。

按照我国相关法律规定，选择协议离婚的当事人需要具备以下条件：一是当事人的夫妻关系合法有效；二是夫妻双方具有完全民事行为能力；三是夫妻双方具有离婚的共同意愿；四是结婚登记地为中国内地。此外，也是最重要的，就是夫妻双方对财产分割和子女抚养问题没有任何争议。

（二）诉讼离婚。诉讼离婚是指夫妻一方或双方就离婚事宜向法院提起诉讼，由法院依法裁决当事人婚姻关系解除与否的法律制度。

诉讼离婚的适用情形比较广泛。首先，双方都同意离婚的，当事人可以选择诉讼离婚，法院可以应当事人要求适用简易程序，主持调解，并以民事调解书的方式确认当事人离婚协议的效力；其次，一方不同意离婚或双方对财产分割及子女抚养问题争议较大的，可以选择诉讼离婚。

诉讼离婚最大的优势就是能获得有强制力的判决，可以避免产生协议离婚中当事人反悔、不履行协议等后续问题。然而，诉讼离婚手续烦琐，耗时较长，成本相对较高，同时，诉讼过程中的针锋相对往往也会使感情已经破裂的当事人双方矛盾升级，这也成为诉讼离婚最大的问题。

十、妇女离婚的法定条件有哪些？

根据《婚姻法》第三十二条规定：“人民法院审理离婚案件，应当进行调解；如感情确已破裂，调解无效，应准予离婚。”

这一规定说明，男女任何一方提出离婚后，是否准予离婚，不取决于另一方是否同意离婚，而是法院依据夫妻双方的感情是否确已破裂和调解有无效果来决定。即“感情是否确已破裂、调解无效”是人民法院审理离婚案件确定准离与不准离的原则界限。

《婚姻法》中列明的调解无效，应准予离婚的情形有以下几种。

（一）重婚或有配偶者与他人同居的。即有配偶者与婚外异性，不以夫妻名义，持续、稳定地共同居住。

（二）实施家庭暴力或虐待、遗弃家庭成员的。指行为人以殴打、捆绑、残害、强行限制人身自由或者其他手段，给其家庭成员的身体、精神等方面造成一定伤害后果的行为。持续性、经常性的家庭暴力，构成虐待。

（三）有赌博、吸毒等恶习屡教不改的。

（四）因感情不和分居满二年的。

（五）一方被宣告失踪，另一方提出离婚诉讼的。

案例　原告徐某，女。被告倪某，男。原告徐某诉称，双方婚初夫妻关系尚可，但之后因琐事发生争吵，导致夫妻关系失睦。原告为此曾三次向法院起诉离婚，均未获准许。又因原告、被告自2006年7月分居生活至今，致使夫妻感情破裂，故起诉要求与被告离婚，要求女儿倪某某随原告共同生活，被告按月给付女儿倪某某抚育费人民币300元，至倪某某18周岁时止。

法院认为，原告、被告尽管系自主婚姻，但感情基础较差，且婚后也未建立真挚的夫妻感情，致使双方经常为家庭琐事争吵。原告为此曾三次起诉离婚，虽由法院调解和好及两次判决未获准许，但双方仍分居生活至今，夫妻关系未得到改善。现原告第四次起诉离婚，被告经努力未果后对离婚也无异议，故对原告离婚的请求法院予以准许。

十一、妇女离婚涉及的主要法律、法规有哪些？

《婚姻法》作为婚姻家庭生活的准则，是调整婚姻与家庭关系的基本法律，对离婚的条件和程序做出了详细的规定。

《婚姻法》第四十九条规定：“其他法律对有关婚姻家庭的违法行为和法律责任另有规定的，依照其规定。”所以，如果其他法律、法规中对离婚问题另有规定的，也应当依照其规定处理。

在实践中，离婚涉及的法律、法规主要有以下这些。

（一）专门规定婚姻问题的法律、法规

《婚姻法》《婚姻登记条例》、最高人民法院《关于适用〈中华人民共和国婚姻法〉若干问题的解释（一）》、最高人民法院《关于人民法院审理离婚案件如何认定夫妻感情确已破裂的若干具体意见》、最高人民法院《关于人民法院审理离婚案件处理子女抚养问题的若干具体意见》、最高人民法院《关于人民法院审理离婚案件处理财产分割问题的若干具体意见》、最高人民法院《关于审理离婚案件中公房使用、承租若干问题的解答》、最高人民法院《关于人民法院审理未办结婚登记而以夫妻名义同居生活案件的若干意见》等。

（二）其它法律、法规

（1）《民法通则》。《婚姻法》规定了夫妻之间享有的人身权利和财产权利，如果有侵权行为发生，侵权者则应当依据《民法通则》的规定承担相应的民事责任。

（2）《刑法》。我国《刑法》对妨害婚姻家庭的犯罪行为有专门规定，特别是《刑法》第二百五十七条关于暴力干涉婚姻自由罪、第二百五十八条关于重婚罪、第二百五十九条关于破坏军婚罪的规定，直接与离婚有关。

（3）《妇女权益保障法》。《妇女权益保障法》规定，侵害妇女合法权益的，应承担相应的法律责任。

十二、妇女离婚的法律后果有哪些？

离婚的法律后果又称离婚的效力，是指离婚在法律上所发生的作用和产生的相应后果。

离婚是重要的法律行为，无论是双方协议离婚还是诉讼离婚，都会发生一系列的法律后果。离婚不仅关系到夫妻之间的人身权利和财产权利关系的变更，也涉及子女的抚养教育等一系列问题。

（一）离婚在身份关系上的后果

（1）再婚的自由。婚姻关系解除后，任何一方均可随时再婚，他方不得非法干涉。登记离婚的，双方自领取离婚登记证之日享有再婚权；诉讼离婚的，双方自法院离婚调解书或离婚判决书生效之日取得再婚的自由。

（2）相互扶养义务的终止。离婚解除了双方的婚姻关系，夫妻之间的相互扶养义务也随之消除，任何一方不再享有向对方要求给付扶养费的权利。

（3）相互继承遗产权利的消灭。根据《中华人民共和国继承法》的规定，配偶是第一顺序的法定继承人。夫妻离婚后，婚姻关系解除，相互之间均无权继承对方遗产。

（4）姻亲关系的消灭。离婚后，夫妻之间的亲属关系解除，夫妻双方的亲属之间的姻亲关系也随之解除。

（二）离婚在财产关系上的后果

（1）夫妻共同财产的分割。根据《婚姻法》第十七条的规定，夫妻在婚姻关系存续期间所得的财产，归夫妻共同所有。离婚时，原则上双方应当均分。

（2）债务的清偿。第一，夫妻共同债务的清偿。《婚姻法》第四十一条规定："离婚时，原为夫妻共同生活时所负的债务，应当共同偿还。共同财产不足清偿的，或财产归各自所有的，由双方协议清偿；协议不成时，由人民法院判决。"第二，夫妻个人债务的清偿。夫妻关系存续期间，夫或妻单独所负的债务，由本人偿还。

（3）经济补偿、经济帮助和损害赔偿。

十三、妇女离婚与无效婚姻有何区别？

婚姻的无效通常也称无效婚姻，指欠缺法定婚姻成立要件的违法婚姻。《婚姻法》第十条规定："有下列情形之一的，婚姻无效：(一)重婚的；(二)有禁止结婚的亲属关系的；（三）婚前患有医学上认为不应当结婚的疾病，婚后尚未治愈的；（四）未到法定婚龄的。”

妇女离婚与无效婚姻主要有以下区别。

（一）前提不同。离婚的前提是有合法的婚姻关系，离婚是对现存合法婚姻关系的解除。无效婚姻因欠缺婚姻成立的法定要件，不具有婚姻的法律效力。

（二）时间不同。离婚的原因一般发生在结婚后。无效婚姻关系自始不能成立。

（三）溯及力不同。双方自离婚即解除婚姻关系之日起不再有夫妻关系。无效婚姻则从男女双方结婚之始就不发生婚姻的法律效力。

（四）权利主体不同。有权提起离婚诉讼的仅限于婚姻当事人。有权向法院申请宣告婚姻无效的主体，包括婚姻当事人和利害关系人。

案例 万某（女）与唐某（男）于1997年在校学习时恋爱。1999年毕业后，万某回父母所在城市工作，唐某则回到家乡，在镇政府工作。二人书信往来，商量着将唐某调到万某所在的城市结婚。

2002年5月，唐某又与曹某谈恋爱，曹某并不知道唐某与万某的关系。同年7月，未经曹某同意，唐某利用职务之便私下填写了结婚证。曹某得知后，要求唐某将结婚证销毁。

2003年4月，唐某搬办公桌时，其私自填写的结婚证丢失，被同事捡到。万某得知后，以重婚罪将唐某、曹某起诉到法院。

法院认为，唐某利用职务之便单方填写的结婚证，既不符合婚姻成立的必备条件，也不符合婚姻登记的程序条件。因而，唐某与曹某的结婚证无效。曹某事前不知道唐某私自办理结婚证，也没有与唐某结婚的意思，也不构成重婚罪。

十四、妇女假离婚与骗离婚的区别在哪里？

假离婚与骗离婚主要有以下区别。

假离婚是指双方当事人为了共同的或各自的目的约定暂时离婚，

等目的达到后再复婚的违法离婚行为。

骗离婚是指一方当事人为了达到离婚的目的，采取欺诈手段向对方许诺先离婚后再复婚，骗取对方同意暂时离婚的违法离婚行为。

假离婚和骗离婚虽然履行了离婚的法定程序，但欠缺离婚的实质要件，是否发生离婚的法律后果，应当区分为下面两种情形。

（一）假离婚、骗离婚的当事人均未与第三人结婚的，其离婚可以被宣告无效。办理假离婚登记骗取离婚证的，当事人可以向法院起诉要求宣告无效。婚姻登记机关收到法院宣告离婚无效或者撤销离婚登记的判决书副本后，应当将该判决书副本收入当事人的婚姻登记档案，并收回离婚证。

（二）假离婚、骗离婚的当事人一方或者双方已经与第三人结婚的，应承认其再婚有效。

案例　1990年，姚小明（男）与白玉（女）结婚。1999年10月，姚小明结识了县歌舞团的演员朱珠，朱珠要求姚小明必须与白玉离婚。姚小明于是多次逼迫白玉离婚，但白玉一直不同意。

2000年12月，姚小明伙同两个弟弟将白玉带到县城外一个偏僻的仓库内，让白玉在其事先拟好的离婚协议书上签字。遭到拒绝后，姚小明就和他的两个弟弟对白玉拳打脚踢，随后又把白玉捆绑起来关在仓库内。两天后，白玉被迫在离婚协议书上签字。

白玉后来看了《婚姻法》，知道这种因胁迫签订的离婚协议是无效的，但白玉此时已不愿再与姚小明维持夫妻关系了，于是在2001年3月，就夫妻共同财产分割和子女抚养问题向法院提起诉讼。

法院审理后认为，离婚协议书是姚小明使用暴力手段逼迫白玉签订的，不是白玉的真实意思表示，协议书无效。法院支持白玉提出重新离婚并重新分割夫妻共同财产和确定子女抚养关系的请求。

十五、妇女离婚时如何争取对子女的抚养权？

法院判决子女抚养权问题，一般遵循以下原则。

（一）2周岁以下的子女，以母亲抚养为原则，但“母亲患有久治不愈的传染性疾病或其他严重疾病，子女不宜与其共同生活的”，或者“有抚养条件不尽抚养义务，而父方要求子女随其生活的”，或者“因其他原因，子女确无法随母方生活”，如母亲经济能力或者品行明显不利于子女成长的，子女可以随父亲一方生活。

（二）对于2周岁以上10周岁以下的子女，由父母双方协商确定对其抚养权的归属，协商不成，并且法院调解无效者，可按照“有利于子女健康成长”的原则进行判决。

（三）对于10周岁以上的子女，应当考虑子女的意见。

（四）在有利于保护子女利益的前提下，经父母双方协商一致，可以轮流抚养子女。

对于没有争取到子女抚养权的母亲，在条件成熟时，可以通过与孩子父亲达成变更抚养权协议，或者在发现有下列任一情形后，向法院提出申请，获得对子女的抚养权。

（1）孩子父亲因患严重疾病或因伤残无力继续抚养子女的；

（2）发现父亲不尽抚养义务或有虐待子女行为，或对子女身心健康确有不利影响的；

（3）未成年子女年满10周岁，愿随母亲生活，而母亲有抚养能力的；

（4）有其他正当理由需要变更抚养权的。

值得注意的是，如果想要通过诉讼途径变更抚养权，应另行起诉，并准备好相关有效证据。当然，对于原本拥有对子女的抚养权，而因故需要变更抚养权给前夫的母亲而言，同样可以通过上述途径实现对抚养权的变更。

十六、妇女离婚后如何行使对子女的抚养权和探望权？

在离婚案件中，一般来说，解决子女抚养问题的原则是：从有利于子女身心健康，保障子女的合法权益出发，结合父母双方的抚养能力和抚养条件等具体情况妥善解决。

婚姻法的具体规定如下。

《婚姻法》第三十六条规定："父母与子女间的关系，不因父母离婚而消除。离婚后，子女无论由父或母直接抚养，仍是父母双方的子女。离婚后，父母对于子女仍有抚养和教育的权利和义务。"

《婚姻法》第三十八条规定："离婚后，不直接抚养子女的父或母，有探望子女的权利，另一方有协助的义务。行使探望权利的方式、时间由当事人协议；协议不成时，由人民法院判决。父或母探望子女，不利于子女身心健康的，由人民法院依法中止探望的权利；中止的事由消失后，应当恢复探望的权利。"

离婚后，哺乳期内的子女，以随哺乳的母亲抚养为原则。哺乳期后的子女，如双方因抚养问题发生争执不能达成协议时，由人民法院根据子女的权益和双方的具体情况判决。

案例　辛柯（女）与万福均（男）于1998年11月离婚，儿子辛明由万福均抚养，辛柯负担抚育费。

到2001年3月，万福均将辛明多次转学，不让辛柯知道辛明的下落，也不允许辛柯探望。几次协商未果，辛柯难耐思念儿子之苦，于2001年5月向法院提起诉讼，请求法院判决其每月探望辛明4次，每次将儿子接走生活一天。

法院受理该案后查明，辛柯行使探望权并不危害辛明的身心健康。最后，法院判决辛柯有探望辛明的权利，万福均负有协助义务，每月最后一个周末的下午5点，辛柯将辛明接走，次日下午5点由万福均接回。

十七、妇女离婚后又复婚，是否需要进行复婚登记？

离婚后双方又自愿恢复夫妻关系的，称为复婚。

根据《婚姻法》第三十五条的规定："离婚后，男女双方自愿恢复夫妻关系的，必须到婚姻登记机关进行复婚登记。"只有经过登记，双方的婚姻关系才能得到法律的承认和保护。没有办理复婚登记手续擅自同居的，是违反《婚姻法》的非法同居关系，不属于合法夫妻，不受法律的承认和保护。

复婚登记手续与结婚登记手续基本一致，双方应亲自到一方常住户口所在地的婚姻登记机关办理。在办理复婚登记时，当事人应提交离婚证，以备婚姻登记机关审查。由法院判决离婚的，当事人申请复婚时，婚姻登记机关应收回法院所发的离婚判决书。如果当事人坚持要求自己保存，婚姻登记机关可以在办理复婚登记时，在原离婚判决书上注明当事人已于何时在何处办理复婚登记，并加盖婚姻登记机关印章。登记离婚后，男女双方复婚但没办理复婚登记的，将产生以下法律后果。

（一）法律上不承认双方之间的关系是合法的夫妻关系，这种关系只是非法同居关系，不受法律保护。

（二）相互之间没有继承对方遗产的权利。

（三）没有互相扶养的义务。

（四）非法同居期间所生子女为非婚生子女。

（五）如果双方无法生活在一起，不能办理离婚登记，而只能经法院通过诉讼解除非法同居关系。

复婚时未办理复婚登记，属于非法同居。如果同居一方死亡的，另一方没有继承权。但是，根据《继承法》第十四条中的规定，“继承人以外的对被继承人抚养较多的人，可以分给他们适当的遗产”。因此，一方死亡前，只要另一方对被继承人提供了抚养，则可以分得一部分遗产。

十八、老年妇女再婚，儿女不同意，可以不尽赡养义务吗？

我国《婚姻法》明确规定了婚姻自由的基本原则，禁止包办、买卖婚姻和其他干涉婚姻自由的行为；子女应当尊重父母的婚姻权利，不得干涉父母再婚以及婚后的生活。子女对父母应尽的赡养义务，不因父母的婚姻关系变化而终止。因此，老年妇女有再婚的自由，子女不得干涉，更不得依此不承担应尽的赡养义务。

根据我国最高人民法院对某些案件的批复，子女不仅对于自己的生父母有不可推卸的赡养义务，对曾经尽过抚养教育义务的继父母、养父母也有赡养义务。此种赡养义务即使在继父母、养父母与继子女、养子女的关系解除以后，依然不能完全免除。

赡养老人，既是道德要求，更是法定义务。无论子女自认为不赡养老人的理由如何充分，法律都是不允许的。所以，合法权益受到侵害的老年妇女，只有勇于突破“亲情防线”，毅然决然地运用法律武器为自己维权，才能在客观上减少侵权事件的发生。

案例 王某（女）与李某（男）于1951年12月结婚时，李某与前妻所生李某某等子女5人均未成年。在婚后长期的共同生活中，王某对5个子女都尽了一定的抚养教育义务，直至他们成年并参加工作。1983年4月，王某与李某离婚，后来王某因年老体弱、没有生活来源，要求李某某等5个子女支付赡养费。李某某等人认为，既然王某已经与他们的父亲离婚，继母与继子之间关系即已消除，因此他们不应当承担对王某的赡养义务。

对于此案，最高人民法院通过批复指出，王某与李某某姐弟5人之间，既存在继母与继子女间的姻亲关系，又存在由于长期共同生活而形成的抚养关系，尽管继母王某与其生父李某离婚，婚姻关系消失，但王某与李某某等人之间已经形成的抚养关系不能消失。因此，有负担能力的李某某等人，对王某应尽赡养扶助的义务。

十九、老年妇女离婚后再婚，应该由谁赡养？

父母离婚后再婚，涉及子女对父母的赡养问题。

我国《婚姻法》明确规定，子女对父母负有赡养义务，这种义务并不因父母婚姻关系的变化而终止。换句话说，即便父母离婚，甚至再婚，子女对父母都应承担起法律规定的赡养责任。

《婚姻法》第二十一条规定：“父母对子女有抚养教育的义务；子女对父母有赡养扶助的义务。”“子女不履行赡养义务时，无劳动能力的或生活困难的父母，有要求子女付给赡养费的权利。”

《中华人民共和国老年人权益保障法》第十八条规定：“老年人

的婚姻自由受法律保护。子女或者其他亲属不得干涉老年人离婚、再婚及婚后的生活。赡养人的赡养义务不因老年人的婚姻关系变化而消除。”

赡养本身是个较为复杂的问题。父母再婚，子女将面临包括父母、继父母在内的新的家庭构成，因此，父母离婚或再婚后，子女赡养义务的履行需要特别留意，尤其是以下几个问题。

（一）子女对父母再婚后继母或者继父的赡养义务的确定，主要依赖于继父母与继子女之间是否形成了事实的抚养教育关系。也就是说，如果父母再婚后，继母或继父对其进行了抚养教育，那么该子女与继父或继母的关系就相当于与亲生父母的关系，因而，需要对其履行赡养义务。

（二）子女赡养父母，包括有抚养教育关系的继父母，不得附加任何条件。子女不得以放弃继承权或者其他理由，比如，父母不尽抚养义务、父母再婚等，拒绝履行赡养义务。

（三）子女赡养父母，包括有抚养教育关系的继父母的方式可以多样。子女赡养父母包括经济上的供养、生活上的照料、精神上的慰藉和其他特殊需要的满足等。

（四）子女不履行赡养义务时，父母包括有抚养教育关系的继父母，拥有多种途径实现对权利的保护。

例如，父母可以直接要求子女给付赡养费，或者请求居民委员会、村民委员会以及所在单位调解，说服子女给付。

对于不履行赡养义务的子女，无劳动能力的或生活困难的父母还可以通过诉讼程序提出请求，由人民法院根据父母的实际需要和子女的经济负担能力，通过调解或判决方式，确定赡养费数额和给付办法。

对于被赡养人有生活来源，但因丧失劳动能力、生活不能自理而需要劳务扶助，起诉至人民法院的，法院也应当受理，从而促使义务人全面履行义务。义务人有能力赡养而拒绝赡养，构成遗弃，情节恶劣的，还应依法追究其刑事责任。

第三章　妇女的财产权利

一、归妻子一方所有的财产有哪些？妻子一方所有的财产是否需要进行婚前财产公证？

《婚姻法》第十八条规定：“有下列情形之一的，为夫妻一方的财产：（一）一方的婚前财产；（二）一方因身体受到伤害获得的医疗费、残疾人生活补助费等费用；（三）遗嘱或赠予合同中确定只归夫或妻一方的财产；（四）一方专用的生活用品；（五）其他应当归一方的财产。”

归一方所有的婚前财产是否要进行公证，法律没有明文规定，可根据个人的不同情况自行决定。

婚前财产公证，是夫妻双方或者未婚男女双方就各自婚前的财产（包括债权）、债务及其归属达成协议，并经公证机关依法予以证明的行为。现实生活中出现的婚前财产公证主要有两类，一类是证明婚前财产分别为男女双方各自所有；另一类则是约定婚前财产为双方共有。

值得注意的是，按照我国正在施行的《婚姻法》的规定，尽管夫妻双方可以自由约定婚姻关系存续期间以及婚前财产的范围及其归属，但任何一方的个人财产并不因婚姻关系的延续而转化为夫妻共同财产。换句话说，就一般情况而言，有证据证明属于一方的婚前财产，即使不进行婚前财产公证，也同样属于个人所有，不会被认定为夫妻共同财产。

办理婚前财产公证，需要当事人双方到相应的公证机构亲自办理，并应向公证部门提供相关证明材料。

二、妻子享有哪些共同财产？

《婚姻法》第十七条规定："夫妻在婚姻关系存续期间所得的下列财产，归夫妻共同所有：（一）工资、奖金；（二）生产、经营的收益；（三）知识产权的收益；（四）继承或赠予所得的财产，但本法第十八条第三项规定的除外；（五）其他应当归共同所有的财产。夫妻对共同所有的财产，有平等的处理权。"

另外，最高人民法院还对夫妻共同财产做出了进一步的规定。

（一）《婚姻法》关于"夫或妻对夫妻共同所有的财产，有平等处理权"的规定，应当理解为：夫或妻在处理夫妻共同财产上的权利是平等的。因日常生活需要而处理夫妻共同财产的，任何一方均有权决定。夫或妻非因日常生活需要对夫妻共同财产做重要处理决定，夫妻双方应当平等协商，取得一致意见。他人有理由相信其为夫妻双方共同意思表示的，另一方不得以不同意或不知道为由对抗善意的第三人。

（二）婚姻关系存续期间，下列财产属于婚姻法规定的"其他应当归共同所有的财产"：一方以个人财产投资取得的收益；男女双方实际取得或者应当取得的住房补贴、住房公积金；男女双方实际取得或者应当取得的养老保险金、破产安置补偿费。

（三）婚姻法规定的"知识产权的收益"，是指婚姻关系存续期间，实际取得或者已经明确可以取得的财产性收益。

夫妻可以约定婚姻关系存续期间所得的财产以及婚前财产归各自所有、共同所有或部分各自所有、部分共同所有。约定应当采用书面形式。没有约定或约定不明确的，适用《婚姻法》第十七条、第十八条的规定。夫妻对婚姻关系存续期间所得的财产以及婚前财产的约定，对双方具有约束力。夫妻对婚姻关系存续期间所得的财产约定归各自所有的，夫或妻一方对外所负的债务，第三人知道该约定的，以夫或妻一方所有的财产清偿。

三、妻子如何同丈夫做出财产约定？

《婚姻法》第十九条规定：“夫妻可以约定婚姻关系存续期间所得的财产以及婚前财产归各自所有、共同所有或部分各自所有、部分共同所有。约定应当采用书面形式。没有约定或约定不明确的，适用本法第十七条、第十八条的规定。夫妻对婚姻关系存续期间所得的财产以及婚前财产的约定，对双方具有约束力。夫妻对婚姻关系存续期间所得的财产约定归各自所有的，夫或妻一方对外所负的债务，第三人知道该约定的，以夫或妻一方所有的财产清偿。”

妻子在与丈夫做出财产约定时，应注意以下几点。

（一）夫妻财产约定的有效条件。夫妻财产约定应符合以下条件：第一，约定时，夫妻双方必须具有完全民事行为能力，而且财产协议必须由夫妻双方亲自订立，不得由他人代理。第二，双方必须自愿，如果一方以欺诈、胁迫手段或乘人之危使对方在违背真实意思的情况下做出约定，协议无效。第三，约定的内容必须合法，不得利用约定规避法律或损害国家、集体及第三人的利益。约定的内容不得超过当事人双方所享有的财产权利范围，不得规避养老育幼、偿还第三人债务等法律义务，属于其他家庭成员的财产以及当事人非法所得的财产不得列入约定的范围，否则约定无效。

（二）夫妻财产约定应当采用书面形式。

（三）可供约定的财产范围。包括婚前一方所有的财产、双方在婚姻关系存续期间所得的财产。

（四）约定财产制的内容。可以约定归各自所有、共同所有或部分各自所有、部分共同所有。

（五）约定的效力。夫妻对婚姻关系存续期间所得财产以及婚前财产的约定，对双方具有约束力。

四、父母给子女买的结婚房，最终归谁所有？

随着经济的发展与社会的进步，房产市场越来越活跃。购买新房对于正准备结婚的年轻人甚至新婚夫妇来说，已是较为沉重的经济负担，也正是基于这个原因，准备结婚的年轻人或者年轻夫妻往往会借助父母的力量，甚至完全依靠父母的力量购房。因此，由此而产生的房产归属问题也成为家庭财产问题的重要核心内容。

在父母为子女所购新房的权属问题上，现行《婚姻法》的规定已经十分明确。第一，如果新房屋系子女结婚前一方父母购置的，应当认定为是其对自己子女的赠予，当属子女的个人财产。值得注意的是，如果父母购房时，明确表示房产是为子女及其配偶双方购买，换句话说，明确表示房产是赠给双方的，则房产为双方共同所有。第二，如果新房系子女结婚后一方父母为双方结婚购置的，应当认定为是对子女及其配偶双方的赠予，属子女及其配偶的共同财产。但如果父母购房时，明确表示房产是为子女或其配偶一方购买，换句话说，明确表示房产是赠给自己子女一方的，则房产为受赠方个人所有。

对于双方父母共同出资购买的房屋，其权属确定参照上述规则。婚前共同出资购买，未明确表示赠予双方的，视为对自己子女的个人赠予，按照实际出资额，分别属于子女的婚前个人财产；婚后共同出资购买，未明确表示赠予子女或其配偶一方的，视为对双方的赠予，为共同所有，离婚时原则上均等分割。

《最高人民法院关于适用〈中华人民共和国婚姻法〉若干问题的解释（二）》第二十二条规定，当事人结婚前，父母为双方购置房屋出资的，该出资应当认定为对自己子女的个人赠予，但父母明确表示赠予双方的除外。当事人结婚后，父母为双方购置房屋出资的，该出资应当认定为对夫妻双方的赠予，但父母明确表示赠予一方的除外。

五、妇女离婚时，原夫妻共有的房屋如何分割？

关于夫妻共有房屋的分割，最高人民法院1996年2月5日发布的

《关于审理离婚案件中公房使用、承租若干问题的解答》，对离婚时房屋的分割问题，以下几种情况都做了明确规定。

（一）对于夫妻共有房屋，按夫妻共同财产分割。对不宜分割的夫妻共有房屋，应根据双方的住房情况，并按照照顾抚养子女方或无过错方的原则分给一方所有，分得房屋的一方对另一方应给予相当于该房屋一半价值的补偿。在双方条件相同的情况下，应照顾女方的利益。

（二）对于夫妻个人所有的房屋，包括一方婚前所有的房屋，或婚后约定为一方所有的房屋，离婚时仍归房屋所有人所有。

离婚时，另一方确无房屋居住并要求暂住的，查实后可以根据情况予以支持，但暂住期限一般不超过2年。无房一方租房居住经济上确有困难的，享有房屋产权一方应给予一次性的经济帮助，法院可以判决允许无房方暂住或由享有房屋产权的一方给予租金或提供一次性的经济帮助。

（三）对于夫妻双方共同出资取得部分产权的房屋，享有部分产权房屋的一方，一般应按所得房屋产权的比例，并依照离婚时当地政府有关部门公布的同类住房标准价，给予对方一半价值的补偿。如果夫妻双方争夺房屋，而且双方同意或者双方经济、住房条件基本相同，可以采取竞价方式解决。

（四）夫妻共同居住、承租公房的，根据最高人民法院的有关司法解释，离婚后双方均可承租。如果该房屋面积较大而且能够隔开居住使用的，可以由双方分别租住。法院在处理时，应坚持男女平等和保护妇女、儿童合法权益的原则，并考虑双方的经济收入等因素。

六、夫妻共有的房屋被丈夫出卖，妻子如何维权？

妻子与丈夫共同所有的房屋，依法应当由夫妻共同处理。

我国法律对于共同所有的财产的处分有明确规定，共有人对共有的财产享有共同的权利，在共同共有关系存续期间，部分共有人擅自处分共有财产的，一般认定无效。

我国《婚姻法》有明确规定，夫妻对共同所有的财产，享有平等的处理权。根据相应的司法解释，所谓平等处理权的意思是，丈夫或者妻子在处理夫妻共同所有的财产上的权利是平等的。在具体的处理行为上，则以其所处理的事务的日常性和重要性来做区分。

如果是为日常生活的需要而处理夫妻共同财产，那么夫妻任何一方都有权做出决定。

如果不是因为日常生活的需要而对夫妻共同财产做出重要的处理决定，就需要夫妻双方进行平等的协商，取得一致意见。

房屋的处置对任何家庭来说都应该是重要的事务，所以理应由夫妻双方共同决定。夫妻双方中的任何一方要单独处理夫妻共同财产，都是不合法的。妻子可以起诉丈夫，维护自己的合法利益。

案例 严女士与肖先生在婚姻关系存续期间一起建造了房子。事后因为生活琐事发生纠纷，严女士离家出走，而肖先生则到法院起诉严女士，申请离婚。在离婚诉讼过程中，严女士得知肖先生已经把他们建造的房子卖给了他的弟弟。于是严女士起诉丈夫。

法院经过审理认为，在严女士离家出走的情况下，肖先生出卖房屋，没有与严女士商议。根据《中华人民共和国物权法》的规定，严女士与肖先生是夫妻关系，而这套房屋作为家庭财产，应由夫妻双方共同拥有，如果要进行处理，应当经过夫妻双方的同意，一方未得到对方许可就无权处理。肖先生的弟弟明知肖先生没有经过严女士同意出卖房屋而购买，不符合善意第三人的原则，不能善意取得这套房屋。所以肖先生的弟弟应当返还房屋，仍然归严女士与肖先生共有。

七、离婚前丈夫转移夫妻共同财产怎么办?

在离婚过程中，或者在办理离婚手续之前，如果丈夫偷偷转移夫妻共同财产该怎么办?

我国婚姻法和相关的司法解释对离婚过程中转移财产问题做出了规定。《婚姻法》第四十七条规定：“离婚时，一方隐藏、转移、变卖、毁损夫妻共同财产，或伪造债务企图侵占另一方财产的，分割夫妻共同财产时，对隐藏、转移、变卖、毁损夫妻共同财产或伪造债务的一方，可以少分或不分。离婚后，另一方发现有上述行为的，可以向人民法院提起诉讼，请求再次分割夫妻共同财产。人民法院对前款规定的妨害民事诉讼的行为，依照民事诉讼法的规定予以制裁。”

最高人民法院的司法解释从司法实践出发，对上述问题做出了进一步的规定。

（一）当事人依据《婚姻法》第四十七条的规定向人民法院提起诉讼，请求再次分割夫妻共同财产的诉讼时效为两年，从当事人发现之次日起计算。

（二）人民法院审理离婚案件时，夫妻一方申请对配偶的个人财产或者夫妻共同财产采取保全措施的，可以在采取保全措施可能造成损失的范围内，根据实际情况，确定合理的财产担保数额。

《最高人民法院关于贯彻执行〈中华人民共和国民法通则〉若干问题的意见（试行）》规定，共同共有人对共有财产享有共同的权利，承担共同的义务。在共同共有关系存续期间，部分共有人擅自处分共有财产的，一般认定无效。

在共同共有关系终止时，对共有财产的分割，有协议的，按协议处理；没有协议的，应当根据等分原则处理，并且考虑共有人对共有财产的贡献大小，适当照顾共有人生产、生活的实际需要等情况。

八、妇女离婚时家庭财产应该如何分割？

尽管离婚是感情破裂的夫妻颇为无奈的选择，但离婚问题的处理，尤其是财产问题的处理，是绝大多数离婚夫妻必须认真面对的问题。

离婚财产的合理分割能够在很大程度上减少双方当事人矛盾被进一步激化的可能，而对于因遭受重婚、家庭暴力等原因离婚的女性，更具有安抚甚至补偿的重大意义。

离婚财产的分割相对复杂，一般而言，应该遵循以下基本原则：

（一）男女平等；（二）保护妇女和儿童的合法权益；（三）分清个人财产、夫妻共同财产和家庭共同财产；（四）夫妻之间的财产协议效力优先；（五）照顾无过错方；（六）照顾付出较多的一方。

离婚财产的具体分配，非常重要的环节是对个人财产和夫妻共同财产的划分。个人财产归个人所有，夫妻共同财产由夫妻共同处理。值得注意的是，夫妻双方对于夫妻共同财产具有平等的处理权，这也就意味着，在因日常生活需要而处理夫妻共同财产时，任何一方都有权做出决定，而在非因日常生活需要，对夫妻共同财产做重要处理决定时，夫妻双方应当平等协商。

此外，当夫妻双方就某项财产内容是属于“个人财产”还是“夫妻共同财产”有争议，难以确定时，主张权利的一方应当就主张内容进行举证，如果不能举证，或所举证据不能有效证明其主张时，将按“夫妻共同财产”来处理。

离婚财产的分割应遵循法律规定的基本原则，尤其是要正确区分“个人财产”和“夫妻共同财产”，对因受虐待、重婚等离婚的无过错方予以照顾，并保护其对配偶的赔偿请求权。离婚财产的分割对于夫妻双方有协议的，应该优先考虑协议的内容，但协议应当是书面的，否则在财产归属发生纠纷时，口头形式的约定将得不到法律的保护。

九、妇女离婚时，要不要承担家庭债务？

夫妻共同债务是指为满足夫妻共同生活需要所负的债务。

夫妻共同债务主要是基于夫妻的共同生活需要，以及对共同财产的管理、使用、收益和处分而产生的债务。夫妻共同债务的范围包括以下几个方面。

（一）婚前一方借款购置的财产已转化为夫妻共同财产，为购置这些财产所负的债务。

（二）夫妻为家庭共同生活所负的债务。

（三）夫妻共同从事生产、经营活动所负的债务，或者一方从事生产经营活动，经营收入用于家庭生活或配偶分享所负的债务。

（四）夫妻一方或者双方治病以及为负有法定义务的人治病所负的债务。

（五）因抚养子女所负的债务。

（六）因赡养负有赡养义务的老人所负的债务。

（七）为支付夫妻一方或双方的教育、培训费用所负的债务。

（八）为支付正当必要的社会交往费用所负的债务。

（九）夫妻协议约定为共同债务的债务。

（十）其他应当认定为夫妻共同债务的债务。

根据《婚姻法》第四十一条规定："离婚时，原为夫妻共同生活所负的债务，应当共同偿还。共同财产不足清偿的，或财产归各自所有的，由双方协议清偿；协议不成时，由人民法院判决。"

因此，夫妻共同债务在承担责任的方式上，夫妻"共同偿还"的责任是连带的清偿责任，不论双方是否已经离婚，均得对共同债务以夫妻共同财产、自己所有的财产清偿。债权人有权向夫妻一方或双方要求清偿债务的部分或全部，它不分夫妻应承担的份额，也不分先后顺序，夫妻任何一方应根据债权人的要求全部或部分承担债务，一方财产不足以清偿时，另一方负有清偿责任。

案例　潘小发的丈夫周大发经营食品生意，经营的店面在翟一新的隔壁，二人因此相识。2000年4月，周大发因经营资金不足，向翟一新借款35 000元，周大发出具借条并约定了利息，言明两个月后归还。同年6月，周大发、翟一新结伴去外地进货，途中发生车祸，周大发死亡。周大发死后，潘小发清点了周大发商店的货物并移转他处保管。翟一新因35 000元欠款逾期未得到清偿，以潘小发为被告向法院起诉，要求潘小发偿还35 000元借款。潘小发称不知道周大发借款情况，但未能提供任何有力证据。

法院查明，周大发经营食品生意所用资金是夫妻二人多年的积蓄，潘小发无固定收入，家庭生活开销主要来自周大发的经营收入。被告潘小发认为自己无力偿还现金，只有店内留下的存货价值50 555元，愿意以物抵债。翟一新考虑到潘小发的实际情况，要求其归还30 000元，剩下部分以物充抵。法院因调解不成，判决潘小发偿还翟一新30 000元，案件受理费由潘小发负担。

十、妇女离婚时，如何划分个人债务和夫妻共同债务？

离婚后债务的清偿问题也是离婚案件中备受关注的焦点，和离婚财产的分割一样，离婚债务的清偿同样需要区分个人债务和共同债务。

（一）个人债务。夫妻个人债务是指夫妻一方婚前或者婚后以个人名义所负的与夫妻共同生活无关的债务。夫或妻的个人债务，由夫或妻的个人财产清偿。一般而言，下列债务依法应认定为夫妻个人债务：①夫妻一方婚前所负的债务，但债权人能够证明所负债务用于婚后家庭共同生活的除外。如夫妻一方虽婚前就借下的钱，但却用于婚后夫妻二人购买新居，则按夫妻共同债务处理。②夫妻双方约定由一方个人负担的债务，但以逃避债务为目的的除外。例如，为逃避债务，利用假离婚，将原本属于夫妻二人的共同债务约定为夫或妻一方偿还，或者将夫或妻一方的个人债务约定为另一方偿还，等等。③自结婚登记起，到离婚生效或一方死亡时止，夫妻一方以个人名义所负债务，且与债权人明确约定为个人债务的。④自结婚登记起，到离婚生效或一方死亡时止，夫妻一方以个人名义所负债务，且债权人在借出时，知道夫妻约定实行分别财产制的，夫或妻一方对外所负的债务应认定为其个人债务。⑤一方未经对方同意，擅自资助与其没有扶养义务的亲朋所负的债务。⑥一方未经对方同意，独自筹资从事经营活动，其收入确未用于共同生活所负的债务。⑦其他应由个人承担的债务，如一方因赌博、吸毒等所负的债务。

（二）共同债务。夫妻共同债务一般是指夫妻一方或双方，在婚姻关系存续期间或婚前，为满足夫妻共同生活或生产经营的需要所负的，应当由夫妻双方共同偿还的债务。现实生活中，下列债务情形，多被认定为共同债务：①夫妻双方在婚姻关系存续期间以双方名义所负债务。②夫妻一方或双方婚前所负，但用于婚后家庭生活的债务。③除“夫妻一方能够证明债权人与债务人明确约定为夫或妻的个人债务”，或者“能够证明债权人在债权债务关系成立时知道夫妻对婚姻关系存续期间所得的财产约定归各自所有的，夫或妻一方对外所负的债务应认定为其个人债务”外，夫妻一方在婚姻关系存续期间以个人名义所负债务，推定为夫妻共同债务。

夫妻共同债务，原则上由夫妻共同财产清偿，清偿后剩余的财产在夫妻双方间平均分配。但夫妻共同财产不足以清偿共同债务，或者夫妻双方均将财产约定为个人所有，没有共同财产时，债务由双方协议清偿，协议不成，由法院依法判决。

妻子或丈夫如有一方死亡的，生存一方仍应对婚姻关系存续期间的共同债务承担清偿责任。

案例 魏某（女）与赵某于2005年11月14日登记结婚，婚后赵某到女方家生活。2007年6月27日生育一个女儿赵女。2007年4月，赵某因生气离家出走，一直未与其妻子联系。由于女儿体弱多病，魏某先后多次带女儿在医院治疗，欠下债务3万元左右。后来魏某向法院起诉离婚，并主张女儿跟随自己生活，由赵某支付女儿的抚养费和因治病欠下的债务。

法院判决如下：准予原告魏某与被告赵某离婚。被告之女——赵女由原告抚养，被告于本判决生效后5日内给付其女儿抚养费21 000元；被告承担夫妻共同债务4 750元。

十一、妇女复婚时未办理复婚登记，能否继承配偶的遗产？

根据《婚姻法》第三十五条的规定：“离婚后，男女双方自愿恢复夫妻关系的，必须到婚姻登记机关进行复婚登记。”

只有经过登记，双方的婚姻关系才能得到法律的承认和保护。

没有办理复婚登记手续擅自同居的，是违反《婚姻法》的非法同居关系，不属于合法夫妻，不受法律的承认和保护。因此，未进行复婚登记，就不属于法定继承人，不能继承配偶的遗产，只能根据《中华人民共和国继承法》（以下简称《继承法》）第十四条中的规定，对继承人以外的依靠被继承人扶养的缺乏劳动能力又没有生活来源的人，或者继承人以外的对被继承人扶养较多的人，可以分给他们适当的遗产。

案例 邓某（男）与齐某（女）均是某公司职员，二人于1991年登记结婚，婚后住在邓某父母家中。由于婆媳间的矛盾日益加剧，邓某在母亲的压力下被迫与齐某协议离婚，双方均未再婚。

3年后，邓某的母亲病逝，双方在同事的劝说下重归于好。1995年1月，双方在酒店大摆筵席，向亲朋好友宣布二人复婚，但未到婚姻登记机关办理复婚登记手续。1996年，齐某生育一子，一家三口和和睦睦。然而天有不测风云，1998年底，邓某因手术失败成为植物人，齐某从此日夜照料邓某，希望邓某能恢复意识。经过两年的努力，邓某还是因为病情恶化去世。

在处理邓某的遗产时，齐某与邓某的父亲发生争执，邓某的父亲认为齐某与邓某不是合法夫妻，无权继承其遗产。齐某为此于2001年4月起诉到法院，要求继承邓某的遗产。

法院审理后认为，邓某与齐某离婚后未办理复婚登记手续，双方之间不存在合法的婚姻关系。齐某无权以邓某配偶的身份继承其遗产。鉴于齐某在邓某生病期间，对其悉心照顾，尽了主要扶养义务，法院判决齐某应分得邓某的一小部分遗产。

十二、丈夫死了，妻子能否继承公婆的遗产？

按照我国目前《继承法》的相关规定，一般情况下，子女继承父母的遗产合情合法，不过在现实生活中，丧偶儿媳对公婆遗产的继承，则要根据具体情况而定。

（一）儿媳丧偶后，如果对公婆尽了主要赡养义务的，不论是否再婚，可以作为第一顺序继承人，拥有和子女一样的继承地位。也就是说，儿媳如果在丧偶后，对公婆的生活提供了主要的经济来源，或者虽无力提供主要的经济资助，但在劳务方面，如侍奉起居、疾病护理等，给予了主要的扶助，并且这种提供和扶助具有经常性和长期性，那么丧偶儿媳可以像其他的第一顺序继承人，如子女一样，拥有优先继承权。

（二）儿媳丧偶后，如果仅仅对公婆在经济或日常生活上给予了一定的帮助，但并未达到“主要”的程度，那么，儿媳不能以“法定继承人”的身份参与继承，不过，如果公婆以有效的遗嘱形式，表明愿意将财产赠给儿媳的，不在此限。

（三）儿媳丧偶后，作为公婆遗产的第一顺序法定继承人时，不影响其子女的代位继承。换句话说，丧偶儿媳依法继承公婆遗产时，其子女，即被继承人的孙子女，在合乎法定的代位继承条件的前提下，可以代替父亲之位，参与继承。

（四）儿媳丧偶后，作为公婆遗产的第一顺序法定继承人时，不影响她本人对其父母的遗产继承。

《继承法》第十二条规定：“丧偶儿媳对公、婆，丧偶女婿对岳父、岳母，尽了主要赡养义务的，作为第一顺序继承人。”《最高人民法院关于贯彻执行〈中华人民共和国继承法〉若干问题的意见》中规定，丧偶儿媳对公婆、丧偶女婿对岳父、岳母，无论其是否再婚，依《继承法》第十二条规定作为第一顺序继承人时，不影响其子女代位继承。对被继承人生活提供了主要经济来源，或在劳务等方面给予了主要扶助的，应当认定其尽了主要赡养义务或主要扶养义务。

关于丧偶儿媳对公婆的遗产继承问题，应该注意以下几个要点。

（一）丧偶儿媳对公婆遗产的继承权取决于其是否对公婆尽了主要赡养义务。

（二）对“是否尽了主要赡养义务”的判断，主要看儿媳是否对公婆的生活提供了主要的经济来源，或者虽无力提供主要的经济资助，但在劳务方面，如侍奉起居、疾病护理等，给予了主要的扶助。也应综合他们尽义务时间的长短，以及被继承人生前的需要，并和其他继承人相比较而确定。

（三）丧偶儿媳尽了主要赡养义务可以继承公婆遗产的，不受其是否再婚的影响。

（四）公婆以有效的遗嘱形式，表明愿意将财产赠给儿媳的，儿媳同样可以享受继承权。

十三、丧偶的妻子如何维护自己的继承权？

法定继承有一定的先后顺序，这个顺序是具有强制性的。顺序在前的继承人取得全部遗产，顺序在后的继承人只有当顺序在前的继承人全部放弃或全部丧失继承权或全部过世不存在的情况下才能取得继承权。这个顺序法律称之为“顺位”。排在前面的称为第一顺位继承人，排在后面的称为第二顺位继承人。

第一顺位继承人包括：配偶、子女、父母，以及尽了主要赡养义务的丧偶儿媳、女婿或孙子女。

第二顺位继承人包括：兄弟姐妹、祖父母、外祖父母。

只要第一顺位继承人还在并且没有丧失继承权也不愿意放弃继承权，那么，第二继承人就不能继承遗产。

在分配遗产时，一般应当由有继承权的各个继承人平均分配遗产，如果各继承人之间协商一致，也可以不平均分配。如果继承人中有缺乏劳动能力同时又有特殊生活困难的人，在分配遗产时应当予以照顾，可以多分配一些遗产。

案例　关某父母双亡，与前妻离异，膝下有一子。儿子结婚生子后不幸意外身亡。关某的儿媳带着年幼的孙子一直与关某祖孙三人一起生活，没有再婚并一直悉心照顾关某的起居生活。

关某去世后，关某的兄弟主张继承关某的财产，因此告到法院。

法院认为，关某的第一顺位继承人为妻子、父母、子女。妻子已离异，不再是法定继承人，父母双亡，儿子也已经死亡，但是儿媳一直承担赡养关某的主要义务，属于法律规定的尽了主要赡养义务的丧偶儿媳，应当认定为第一顺位继承人。

因此关某的第一顺位继承人为儿媳一人，在第一顺位继承人存在的情况下，第二顺位的继承人兄弟姐妹不能取得继承权，所以关某的兄弟主张继承遗产没有法律依据，遗产应当由关某的儿媳一人继承。

十四、女儿是否要偿还父母留下来的债务？

人们的传统观念是“父债子还”，并且认为这是天经地义的，义不容辞，对“父债子还”的信条都深信不疑。正因为如此，一些债权人在债务人过世后，把债务转嫁到债务人的子女头上。自从有了《继承法》之后，一些人的观念才有了改变。

按照我国现行《继承法》的规定，对于被继承人的遗产，继承人可以自愿选择继承或是放弃继承。法律赋予了继承人有继承遗产的权利，也有不继承遗产的自由。

如果继承人选择继承，那么，被继承人生前所欠的债务也应当由继承人负责偿还。换句话说，一般情况下，子女若继承父母的遗产，就应该替父母偿还债务。

但是，在偿还债务时，所还债务的范围值得注意：继承人对被继承人所欠的债务，仅仅承担有限清偿的责任，即继承人仅仅在其所接受的遗产实际价值范围内偿还被继承人的债务。对于超过的部分，除非继承人自愿，债权人无权要求其用自己的财产替被继承人清偿债务。

例如，子女继承父母的遗产数额为10万元，如果父母所欠外债为5万元，那么，子女可以从所继承的10万元当中拿出5万元来还债，子女最终能继承的遗产为剩余的5万元。但如果父母所欠外债为15万元，子女将以此10万元清偿债务，而剩余5万元不再清偿。此时，子女也没有责任替父母还清债务了。子女自愿用自己的财产替父母还债的除外。也就是说，父母留下的债务，只能从他们自己的遗产当中偿还。法律没有规定子女要用自己的财产替父母还债，“父债子还”是过时的。

如果继承人放弃继承，那么，被继承人依法应当清偿的债务，继承人可以不负清偿责任。

十五、妇女如何行使放弃继承权？

按照我国现行的《继承法》规定，对于被继承人的遗产，继承人可以自愿选择继承或是放弃继承。法律赋予了继承人有继承遗产的权利，也有不继承遗产的自由。

《继承法》第二十五条规定：“继承开始后，继承人放弃继承的，应当在遗产处理前，做出放弃继承的表示。没有表示的，视为接受继承。”放弃继承，需要以法定的方式做出。继承开始后，继承人放弃继承的，应当在遗产处理前，做出放弃继承的明确表示；没有表示的，则视为接受。

《最高人民法院关于贯彻执行〈中华人民共和国继承法〉若干问题的意见》第四十七条规定：继承人放弃继承应当以书面形式向其他继承人表示。用口头方式表示放弃继承，本人承认，或有其他充分证据证明的，也应当认定其有效。

此外，如果继承人因放弃继承权，致使不能履行法定义务的，放弃继承权的行为无效。比如，子女本身欠有外债，如果子女获得的有效遗产完全足以清偿该债务，但子女放弃继承权，致使债务无法获得清偿的，其放弃继承的行为无效。如果子女是缺乏劳动能力又没有生活来源的继承人，即使遗产不够清偿父债，也要先为子女保留适当的遗产用于基本生活，再将剩余部分按法律规定用于清偿。

《继承法》第三十三条规定：“继承遗产应当清偿被继承人依法应当缴纳的税款和债务，缴纳税款和清偿债务以他的遗产实际价值为限。超过遗产实际价值部分，继承人自愿偿还的不在此限。”

继承人放弃继承的，对被继承人依法应当缴纳的税款和债务可以不负偿还责任。

十六、妇女如何依照遗嘱继承遗产？

依照遗嘱继承财产是一种常见方式。从理论上讲，遗嘱能够反映被继承人的真实意愿，所以，立遗嘱往往成为被继承人热衷的选择。不过，遗嘱也容易引发继承纠纷，出现一些问题。因此，妇女如何依照遗嘱继承遗产，了解相关的法律知识显得很有必要。

（一）要明白遗嘱的形式。

遗嘱可以采取“自书”的形式，即自己拟定书写；也可以采取请人“代书”，即请他人代写；危急时刻，还可以用“口头表达”的形式，或者“录音”的形式，或者采用“公证”的形式。

每种立遗嘱的形式，都要求满足法定的生效要件，以确保遗嘱可以被执行。而在这5种遗嘱形式中，公证遗嘱的效力最高。

（二）要清楚遗嘱的生效条件。

（1）立遗嘱时，遗嘱人具有完全民事行为能力，拥有真实的意思表示，没有因受胁迫或者欺骗等情形，完全自愿订立遗嘱。

（2）代书遗嘱应当有两个以上见证人在场见证，由其中一人代书，注明年、月、日，并由代书人、其他见证人和遗嘱人签名。但无行为能力人、限制行为能力人、继承人、受遗赠人，以及与继承人、受遗赠人有利害关系的人不能作为遗嘱见证人。

（3）以录音形式立的遗嘱，应当有两个以上见证人在场见证，见证人同样需要符合上述条件。

（4）遗嘱人在危急情况下，可以立口头遗嘱。口头遗嘱应当有两个以上合乎法律规定的见证人在场见证。危急情况解除后，遗嘱人能够用书面或者录音形式立遗嘱的，所立的口头遗嘱无效。

（三）要明白多份遗嘱的效力确定。

如果遗嘱人先后立有多份遗嘱，内容相抵触，将以最后一份遗嘱为准。但如果多份遗嘱中，有公证的遗嘱，即使该遗嘱订立时间最早，也应该以公证的遗嘱为准。当然，有多份公证遗嘱的，以最后公证的遗嘱内容为准。

（四）需要明白，有遗嘱，但部分有关遗产仍然要按法定继承办理，比如，遗嘱继承人放弃继承，或者丧失继承权的；遗嘱继承人先于遗嘱人死亡的；遗嘱无效部分所涉及的遗产；遗嘱未处分的遗产。这些情形都应该依照法定继承的要求办理遗产继承。

（五）其他有关事项也需要注意。

（1）遗嘱人生前的行为与遗嘱的意思表示相反，而使遗嘱处分的财产在继承开始前灭失、部分灭失或所有权转移、部分转移的，遗嘱视为被撤销或部分被撤销。

（2）附义务的遗嘱继承，如义务能够履行，而继承人无正当理由不履行，经其他继承人请求，人民法院可以取消他接受附义务那部分遗产的权利，由提出请求的继承人负责按遗嘱人的意愿履行义务，接受遗产。

第四章　妇女的劳动与社会保障权益

一、妇女享有哪些劳动权利？

我国法律规定男女平等，妇女有参加劳动并且获得报酬的权利。依照《中华人民共和国劳动法》（以下简称《劳动法》）第三条的规定，妇女享有如下的劳动权利。

（一）平等就业权利。除不合适妇女的工种和岗位外，不得以性别为由拒绝录用妇女和提高对妇女的录用标准。

（二）选择职业的权利。在法律允许的范围内，妇女有权依照自己的意愿选择自己从事的职业。

（三）取得劳动报酬的权利。妇女在付出劳动的同时，有权获得相应的劳动报酬。

（四）休息休假的权利。妇女有权在法定工作时间之外享受法定的休息时间和法定节假日的权利。

（五）获得劳动安全卫生保护的权利。妇女有权享有特殊的劳动安全保护。

（六）接受职业技能培训的权利。妇女有权获得必要的职业培训。

（七）享受社会保险和福利的权利。妇女在退休、患病、负伤、生育、失业等情形下，有权获得社会保险待遇，有权享受国家和用人单位提供的各项福利待遇。

（八）提请劳动争议处理的权利。妇女与用人单位发生劳动争议，有权依法申请调解、仲裁或提起诉讼。

（九）法律规定的其他劳动权利。

二、妇女在法律上享有哪些劳动保障？

随着社会的进步，妇女的劳动权利越来越受到法律保护。

《劳动法》第五十九条规定："禁止安排女职工从事矿山井下、国家规定的第四级体力劳动强度的劳动和其他禁忌从事的劳动。"

《劳动法》第六十条规定："不得安排女职工在经期从事高处、低温、冷水作业和国家规定的第三级体力劳动强度的劳动。"

《劳动法》第六十一条规定："不得安排女职工在怀孕期间从事国家规定的第三级体力劳动强度的劳动和孕期禁忌从事的劳动。对怀孕七个月以上的女职工，不得安排其延长工作时间和夜班劳动。"

《劳动法》第六十二条规定："女职工生育享受不少于九十天的产假。"

《劳动法》第六十三条规定："不得安排女职工在哺乳未满一周岁的婴儿期间从事国家规定的第三级体力劳动强度的劳动和哺乳期禁忌从事的其他劳动，不得安排其延长工作时间和夜班劳动。"

《女职工劳动保护规定》第四条规定："不得在女职工怀孕期、产期、哺乳期降低其基本工资，或者解除劳动合同。"

《女职工劳动保护规定》第五条规定："禁止安排女职工从事矿山井下、国家规定的第四级体力劳动强度的劳动和其他女职工禁忌从事的劳动。"

《女职工劳动保护规定》第六条规定："女职工在月经期间，所在单位不得安排其从事高空、低温、冷水和国家规定的第三级体力劳动强度的劳动。"

《女职工劳动保护规定》第七条规定："女职工在怀孕期间，所在单位不得安排其从事国家规定的第三级体力劳动强度的劳动和孕期禁忌从事的劳动，不得在正常劳动日以外延长劳动时间；对不能胜任原劳动的，应当根据医务部门的证明，予以减轻劳动量或者安排其他劳动。”

三、女职工可以被用人单位任意解聘吗？

法律规定，用人单位不能任意解聘女职工。《中华人民共和国劳动合同法》（以下简称《劳动合同法》）中规定用人单位与劳动者解除合同分为三种情况。第一种情况规定，当劳动者在试用期间被证明不符合录用条件或者在工作当中存在重大过失时，用人单位可以解除合同。第二种情况规定，当出现以下3种情况时，用人单位可以解除劳动合同：①劳动者患病或者非因工负伤，在医疗期满后不能从事原工作，也不能从事由用人单位另行安排的工作的；②劳动者不能胜任工作，经过培训或者调整工作岗位，仍不能胜任工作的；③劳动合同无法履行，用人单位与劳动者又未能就变更劳动合同内容达成协议的。第三种情况规定，用人单位因经济性原因需要裁员的，需提前30天向工会或者全体职工说明情况，听取工会或者职工的意见，并将裁减人员方案经向劳动行政部门报告后方可进行。另外，用人单位因破产重整而裁员的，还应给予劳动者一定的经济补偿。

《劳动法》第二十九条规定：“劳动者有下列情形之一的，用人单位不得依据本法第二十六条、第二十七条的规定解除劳动合同：（一）患职业病或者因工负伤并被确认丧失或者部分丧失劳动能力的；（二）患病或者负伤，在规定的医疗期内的；（三）女职工在孕期、产期、哺乳期内的；（四）法律、行政法规规定的其他情形。”

《劳动法》第四十二条规定：“劳动者有下列情形之一的，用人单位不得依照本法第四十条、第四十一条的规定解除劳动合同：（一）从事接触职业病危害作业的劳动者未进行离岗前职业健康检查，或者疑似职业病病人在诊断或者医学观察期间的；（二）在本单位患职业病或者因工负伤并被确认丧失或者部分丧失劳动能力的；（三）患病或者非因工负伤，在规定的医疗期内的；（四）女职工在孕期、产期、哺乳期的；（五）在本单位连续工作满15年，且距法定退休年龄不足5年的；（六）法律、行政法规规定的其他情形。”

四、女职工可以不与单位签订劳动合同吗？

无论男女，不与单位签订劳动合同是错误的。

《劳动法》第十六条规定：“劳动合同是劳动者与用人单位确立劳动关系、明确双方权利和义务的协议。建立劳动关系应当订立劳动合同。”

《劳动法》第十九条则规定：“劳动合同应当以书面形式订立，并具备以下条款：（一）劳动合同期限；（二）工作内容；（三）劳动保护和劳动条件；（四）劳动报酬；（五）劳动纪律；（六）劳动合同终止的条件；（七）违反劳动合同的责任。劳动合同除前款规定的必备条款外，当事人可以协商约定其他内容。”

《劳动法》的规定明确表明，签订书面劳动合同是法律规定的当事人的一项法定义务，而不是可选择的条款。书面劳动合同通过明确规定双方当事人的权利、义务和责任，有助于促使当事人正确地行使权利，严格地履行义务，减少和防止劳动争议的发生。一旦用人单位和劳动者发生劳动争议，由于有劳动合同的存在，也有利于劳动争议的解决和维护当事人的合法权益。如果用人单位故意不签订劳动合同则要承担相应的法律责任。

《劳动法》第九十八条规定：“用人单位违反本法规定的条件解除劳动合同或者故意拖延不订立劳动合同的，由劳动行政部门责令改正；对劳动者造成损害的，应当承担赔偿责任。”

原劳动部《违反〈劳动法〉有关劳动合同规定的赔偿办法》规定，用人单位故意拖延不订立劳动合同，即招用后故意不按规定订立劳动合同以及劳动合同到期后故意不及时续订劳动合同，对劳动者造成损失的，应赔偿劳动者损失。劳动合同是用人单位和劳动者实现各自权利的重要依据，不仅应当以书面形式订立，还要使劳动合同的内容符合法律法规的规定。

案例　1999年4月，陈女士应聘到某公司工作，双方一直未签订劳动合同，只是口头约定合同期限为2年。陈女士多次找公司要求签订书面劳动合同，均遭公司拒绝。

公司表示，陈女士与公司已建立事实劳动关系，同样也受法律保护，与签订书面劳动合同没有什么两样。但陈女士总觉得有些不保险，于是向当地劳动监察机构反映，了解相关情况。

劳动监察机构听取了陈女士反映的情况后，向陈女士所在的公司发出通知，要求该公司应当与职工签订劳动合同，否则劳动监察机构将依法进行处理。公司接到劳动监察机构的通知后，与陈女士签订了书面劳动合同。

五、女职工被迫与单位签订了不平等的劳动合同应该怎样维权？

我国法律表明，单位采用威胁手段与女职工订立的劳动合同是无效的。劳动关系双方订立劳动合同，应当遵守平等自愿、协商一致的原则。用人单位不得采取法律法规所禁止的手段或措施，迫使劳动者违背真实意思表示订立不平等劳动合同，否则，即使订立，该劳动合同也不具有法律效力。

《劳动法》第十七条规定：“订立和变更劳动合同，应当遵循平等自愿、协商一致的原则，不得违反法律、行政法规的规定。劳动合同依法订立即具有法律约束力，当事人必须履行劳动合同规定的义务。”

《劳动法》第十八条规定：“下列劳动合同无效：(一)违反法律、行政法规的劳动合同；(二)采取欺诈、威胁等手段订立的劳动合同。无效的劳动合同，从订立的时候起，就没有法律约束力。确认劳动合同部分无效的，如果不影响其余部分的效力，其余部分仍然有效。劳动合同的无效，由劳动争议仲裁委员会或者人民法院确认。”

根据劳动法律法规的规定，采取欺诈、威胁手段订立的劳动合同，从订立的时候起就没有法律效力。

如果女职工与用人单位签订了不平等的劳动合同，可以向当地劳动争议仲裁委员会提出申请，要求终止双方订立的劳动合同。

案例 某市建筑总公司高级建筑师华某和其妻同在该公司工作。华某与公司签订的8年劳动合同期限届满，向单位提出调外地工作。公司总经理拿出一份公司的“夫妻同进同出”文件指出，华某请调不续订合同，则提前终止其妻子的劳动合同，要走一起走，要留一起留；如华某不调走，还必须续签劳动合同10年，否则，按该文件的规定停止夫妻双方工作，退出住房，一切后果自负。

1999年2月28日，华某不想退出住房，只好与公司续订合同，期限10年。

2004年9月，华某因工作安排和公司领导闹矛盾，要求终止续订的劳动合同，遭到了公司的拒绝。

在公司不同意的情况下，华某向当地劳动争议仲裁委员会提出申请，要求终止双方续订的劳动合同，并要求公司不得报复其在同公司工作的妻子，不能因此提前解除与她的劳动合同。

仲裁委员会认为，双方续订的劳动合同系采用威胁手段订立，应认为无效；华某与市建筑总公司解除劳动关系不能影响其妻子与该单位确立的劳动关系。最后，此案由仲裁庭协调解决。

六、女职工劳动合同终止后发现怀孕应该怎样维权？

《劳动法》第二十九条规定，女职工处在孕期、产期和哺乳期内的，劳动合同不得解除。

原劳动部《关于贯彻执行〈中华人民共和国劳动法〉若干问题的意见》第三十四条规定：“除劳动法第二十五条规定的情形外，劳动者在医疗期、孕期、产期和哺乳期内，劳动合同期限届满时，用人单位不得终止劳动合同。劳动合同的期限应自动延续至医疗期、孕期、产期、哺乳期期满为止。”

此外，我国《妇女权益保障法》《女职工劳动保护规定》等法律法规，对女职工在生产劳动过程中的安全、健康等权利也做了专门规定。

案例　王女士与某公司签订了有固定期限的劳动合同。2002年12月30日双方签订的劳动合同期满，公司没有与王女士续签，终止了劳动合同。此后，王女士因感觉身体不适，于2003年1月10日去医院检查身体，经诊断，发现已怀孕一个多月。得知此情况后，王女士回到原工作单位要求与其续签劳动合同，理由是按照劳动法的规定，处在孕期劳动者的劳动合同，是不应终止的。

公司不同意王女士的要求，认为王女士的劳动合同已经在2002年12月30日到期终止了，当时王女士并没有因怀孕主张续延合同，而是在合同终止后才提出，这时她与公司已经没有什么关系了。因此，公司拒绝与王某续延合同。

2003年2月20日，王女士以女职工在孕期内不得终止合同为由向劳动争议仲裁委员会提出申诉，要求公司与其续签劳动合同。

经仲裁委员会调解后，双方签订了调解协议：王女士原所在公司与王女士续延劳动合同至孕期期满为止。

七、女职工的劳动合同被解除，单位是否应付经济补偿？

《劳动法》有规定，劳动者不胜任工作是公司可以解除合同的一种事由，但按照法律相关规定，公司应当支付被解除劳动合同的职工的经济补偿金，同时也应按约定给予生活补助费。

《劳动法》第二十四条、第二十八条以及原劳动部《违反和解除劳动合同的经济补偿金办法》第五条规定，经劳动合同当事人协商一致，由用人单位解除劳动合同的，用人单位应根据劳动者在本单位的工作年限，每满1年发给相当于1个月工资的经济补偿金，最多不超过12个月。工作不满1年的按1年的标准发给经济补偿金。根据上述规定，解除劳动合同，如果是用人单位提出的，必须要依法支付劳动者经济补偿金；如果是劳动者主动提出的，则没有相应规定。

案例　梁女士1997年3月与某公司签订了期限为5年的劳动合同。

1999年3月，公司新负责人以梁女士不适合工作为由，要求与梁女士解除劳动合同。梁女士不同意。公司便采取增加梁女士的劳动强度，并减少其奖金收入等办法予以刁难。梁女士不堪忍受，提出如果公司要求解除劳动合同，她本人可以签字同意。但公司坚持让梁女士自己先写“辞职报告”，然后由公司批准。梁女士坚决不同意这样做。为此公司许诺，如果梁女士照办，公司可以给予其一笔比较丰厚的生活补助费，还可以按照《劳动法》有关规定支付解除劳动合同的经济补偿金。在此情况之下，梁女士于1999年7月向公司递交了“辞职报告”，立即被公司批准，但公司未按先前承诺向梁女士支付生活补助费和经济补偿金。

梁女士为此向劳动争议仲裁委员会提出申诉，并提供了公司要求她递交“辞职报告”的证据。

劳动争议仲裁委员会经审理，裁决公司支付梁女士3个月工资的经济补偿金及约定的生活补助费。

八、女职工处于经期可以拒绝哪些种类的劳动？

我们总是提倡男女平等，男女同工同酬，但在实际工作中，女职工有自己的“特殊情况”，不能与男职工同等劳动。根据我国有关法律规定，女职工处于经期可以拒绝参加某些种类的劳动。

《劳动法》第六十条规定：“不得安排女职工在经期从事高处、低温、冷水作业和国家规定的第三级体力劳动强度的劳动。”

《女职工劳动保护规定》第六条规定：“女职工在月经期间，所在单位不得安排其从事高空、低温、冷水和国家规定的第三级体力劳动强度的劳动。”

原劳动部《关于女职工禁忌劳动范围的规定》第四条规定，女职工在月经期间禁忌从事的劳动范围包括：食品冷冻库内及冷水等低温作业；《体力劳动强度分级》标准中第Ⅲ级体力劳动强度的作业；《高处作业分级》标准中第Ⅱ级（含Ⅱ级）以上的作业。

如果用人单位违反了以上法律法规的规定，强迫处于经期的女职工从事法律明确禁止的劳动，那么根据原劳动部办公厅印发《关于〈劳动法〉若干条文的说明》的通知第八十九条，由劳动行政部门给予警告，责令改正；对劳动者造成损害的，用人单位还应当承担赔偿责任。

上述所说的“高空作业”，是指二级高处作业，即凡在坠落高度基准面5米以上（含5米）有可能坠落的高处进行的作业；“低温作业”是指在劳动生产过程中，其工作地点平均气温等于或低于5℃的作业。“冷水作业”是指在劳动生产过程中，操作人员接触冷水温度等于或小于12℃的作业。

九、女职工怀孕期间享有哪些特殊的劳动保护？

我国《妇女权益保障法》《劳动法》《女职工劳动保护规定》以及其他相关法律规定，不得安排女职工在怀孕期间从事国家规定的第三级体力劳动强度的劳动和孕期禁忌从事的劳动。对怀孕7个月以上的女职工，不得安排其延长工作时间和夜班劳动。同时，用人单位不得在女职工怀孕期、产期、哺乳期降低其基本工资。

女职工怀孕，在单位的医疗机构或者指定的医疗机构检查和分娩时，其检查费、接生费、手术费、住院费和药费由所在单位负担，费用由原医疗经费渠道开支。

为了保证孕妇和胎儿的健康，怀孕的女职工应按卫生部门的要求做产前检查。在劳动时间内进行产前检查，应当算作劳动时间。即按出勤对待，不能按病假、事假、旷工处理。对在生产第一线的女职工，要相应地减少生产定额，以保证产前检查时间。

案例 俞女士2001年9月与某私营机械加工公司签订了3年的劳动合同，工作岗位是发料员。2003年10月，俞女士发觉自己怀孕两个月了，便请假去医院进行产前检查，由于车间无人发料，影响了一批加工机械的生产进度，单位便以影响生产为由，扣发了其当月的奖金。为了不减少收入，俞女士怀孕7个月，也只好和车间的其他人一样，星期六、星期天都要加班。在如此加班的情况下工作了1个月，俞女士感到实在坚持不了，就向公司经理和车间主任要求增加1人发料，自己不再加班。

公司经理的答复是：如果能干就继续干，不能干就辞职走人。

俞女士只好向公司的劳动争议调解委员会申请调解，要求调解委员会主任按照法律法规的规定说服公司经理，使她在怀孕期间不再加班。公司经理听了调解委员会主任的调解后，同意增加1人作为发料员，俞女士及其他相同情况的女工不再加班。

十、女职工怀孕期间是否可以拒绝从事夜班劳动？

怀孕女职工的特殊保护问题，国家的法律法规已有相应规定。

《劳动法》第六十一条规定：“不得安排女职工在怀孕期间从事国家规定的第三级体力劳动强度的劳动和孕期禁忌从事的劳动。对怀孕七个月以上的女职工，不得安排其延长工作时间和夜班劳动。”

《女职工劳动保护规定》第七条规定：“怀孕七个月以上（含七个月）的女职工，一般不得安排其从事夜班劳动，在劳动时间内应当安排一定的休息时间。”

由此可见，女职工不得从事夜班工作和在劳动时间内给予一定的休息时间，是国家法律法规的明确规定，用人单位必须遵照执行；如果拒不执行的话，就有可能因此承担相应的法律责任，受到劳动保障监察机构的处罚。

案例 唐女士是某机械设备公司2000年初招用的工人， 2002年10月初怀孕。唐女士的工作需要经常进行夜班工作。

该公司的合同医院2003年4月5日向公司出具体检建议：“鉴于唐某怀孕已经7个月，为保障胎儿和孕妇健康，建议停止其夜班劳动，并在工作时间内安排其进行必要的中间休息。”

唐女士向人力资源部门要求停止安排其从事每2天1次的夜班劳动，并允许其在工作过程中进行适当休息。人力资源部拒绝唐女士的请求，同时提出如果不上夜班，就要扣发工资和奖金。唐女士觉得如果再上夜班的话，肯定会对胎儿和自己的身体产生不利影响，在无奈之下，只好找到公司工会，要求工会与公司人力资源部经理进行协调。

工会的劳动争议调解员随即依据国家对女职工的特殊保护规定与人力资源部经理进行了协商，人力资源部经理同意不再安排唐女士从事夜班工作，并在每班工作中间给予其30分钟的休息时间。唐女士的孕期特殊权利得到了有效保护。

十一、女职工流产如何休假？休假是属于病假还是属于产假？

按照有关规定，女职工流产应该属于产假。《女职工劳动保护规定》第八条第二款规定："女职工怀孕流产的，其所在单位应当根据医务部门的证明，给予一定时间的产假。"

《关于女职工生育待遇若干问题的通知》中规定："女职工怀孕不满四个月流产时，应当根据医务部门的意见，给予十五天至三十天的产假；怀孕满四个月以上流产时，给予四十二天产假。产假期间，工资照发。"规定中还指出："女职工产假期满，因身体原因仍不能工作的，经过医务部门证明后，其超过产假期间的待遇，按照职工患病的有关规定处理。"

上述规定很清楚，女职工的流产休假属于产假；只有在女职工流产休假期满后因身体原因仍不能工作的，经医务部门证明后，其超过流产休假期间的待遇，才能按照职工患病的有关规定处理。

案例 袁女士大学毕业后，应聘到某合资公司工作，签订了3年的劳动合同。婚后不久的袁女士不慎得了心肌炎，住院治疗了两个半月，才基本痊愈。为此，袁女士向公司请了两个半月的病假。

出院后，袁女士在体检时发现意外怀了孕。医生认为袁女士的心肌炎尚没有痊愈，心脏功能较弱，不管是怀孕还是生小孩，对健康都有影响，甚至会有生命危险，于是，在征得袁女士同意后，为她做了流产手术，同时给她开了一张20天的休假证明。

20天假后，袁女士感到身体完全复原便开始上班。去上班时，在公司大门内的宣传栏上，她看到了公司解除其劳动合同的通知。看到通知，袁女士找到公司的劳动争议调解委员会，向调解委员会说明了情况。工会主席随即找到人力资源部门经理，向其说明了法律法规的相关规定。人力资源部门经理在与总经理协商后，决定撤销解除袁女士劳动合同的决定，同意袁女士在原来的工作岗位继续上班。

十二、女职工要生小孩，如何请产假？

产假，是妇女的合法权益。关于请产假问题，《劳动法》有规定，但是，各个地方还有自己的具体做法。

关于产假的长短，我国《劳动法》仅规定了一个下限，即女职工生育享受不少于90天的产假。这是一个强制性的条款。不管用人单位有什么样的特殊情况或者理由都不能突破90天的下限。如果少于90天的产假，那是违反法律规定的。

如果用人单位自愿延长妇女的产假时间，这是法律所允许的。

另外，国务院1988年颁布了《女职工劳动保护规定》，这个规范性文件目前仍然有效。其中就详细规定了女职工的产假："女职工产假为90天，其中产前休假15天。难产的，增加产假15天。多胞胎生育的，每多生育一个婴儿，增加产假15天。女职工怀孕流产的，其所在单位应当根据医务部门的证明，给予一定时间的产假。"

原劳动部还下发了一份《关于女职工生育待遇若干问题》的文件，对女职工产假、产假期间待遇以及适用范围等问题作了更为详细的解释。

（一）怀孕不满四个月流产时，应当根据医务部门的意见，给予15天至30天的产假；怀孕满4个月以上流产时，给予42天产假。产假期间，工资照发。（二）产假期满，因身体原因仍不能工作的，经过医务部门证明后，其超过产假期间的待遇，按照职工患病的有关规定处理。

需要引起注意的是，在以上这些规定的基础上，不同省市和地区对产假也有相关的规定。因此，应该了解本地区本单位对产假的具体规定。

《劳动法》第六十二条规定："女职工生育享受不少于90天的产假。"第七十三条规定："劳动者在下列情形下，依法享受社会保险待遇：（一）退休；（二）患病、负伤；（三）因工伤残或者患职业病；（四）失业；（五）生育。"

十三、女职工哺乳期间享有哪些特殊劳动保护？

妇女在哺乳期不仅自身处于健康的恢复期，不适宜从事高强度的体力劳动，而且此阶段妇女的劳动条件还与哺育的婴儿健康成长有直接的关系。所以我国法律规定：不得安排女职工在哺乳未满1周岁的婴儿期间从事国家规定的第3级体力劳动强度的劳动和哺乳期禁忌从事的其他劳动，不得安排其延长工作时间和夜班劳动。

根据《劳动部关于女职工禁忌劳动范围的规定》，具体来说，乳母禁忌从事的劳动范围如下：（一）作业场所空气中铅及其化合物、汞及其化合物、苯、镉、铍、砷、氰化物、氮氧化物、一氧化碳、二硫化碳、氯、己内酰胺、氯丁二烯、氯乙烯、环氧乙烷、苯胺、甲醛等有毒物质浓度超过国家卫生标准的作业；《体力劳动强度分级》标准中第三级体力劳动强度的作业。（二）作业场所空气中锰、氟、甲醇、有机磷化合物、有机氯化合物等物的浓度超过国家卫生标准的作业。

关于女职工哺乳期劳动保护的规定，主要包括三个方面：一是禁忌从事特定劳动；二是不得安排延长工作时间，也包括不得安排加班加点；三是不得安排从事夜班劳动。

哺乳期应为12个月，即从婴儿出生之日起至满1周岁。

《女职工劳动保护规定》第九条规定："有不满1周岁婴儿的女职工，其所在单位应当在每班劳动时间内给予其两次哺乳（含人工喂养）时间，每次30分钟。多胞胎生育的，每多哺乳1个婴儿，每次哺乳时间增加30分钟。女职工每班劳动时间内的两次哺乳时间，可以合并使用，哺乳时间和在本单位内哺乳往返途中的时间，算作劳动时间。”《女职工劳动保护规定》第十条规定：“女职工在哺乳期内，所在单位不得安排其从事国家规定的第三级体力劳动强度的劳动和哺乳期禁忌从事的劳动，不得延长其劳动时间，一般不得安排其从事夜班劳动。”

十四、女职工的哺乳权利受到侵害如何维权？

法律规定：有不满1周岁婴儿的女职工，其所在单位应当在每班劳动时间内给予其两次哺乳（含人工喂养）时间，每次30分钟。多胞胎生育的，每多哺乳一个婴儿，每次哺乳时间增加30分钟。女职工每班劳动时间内的两次哺乳时间，可以合并使用，哺乳时间和在本单位内哺乳往返途中的时间算作劳动时间。企业不得在女职工哺乳期降低其基本工资。

根据以上规定可以看出：有不满1周岁婴儿的女职工，可以依法享有哺乳期，哺乳期的期限始于女职工产假期满开始上班之日，截至婴儿满1周岁为止。如果女职工的哺乳权利受到侵害，有权向所在单位的主管部门或者当地劳动部门提出申诉。受理申诉的部门应当自收到申诉书之日起三十日内做出处理决定；女职工对处理决定不服的，可以在收到处理决定书之日起十五日内向人民法院起诉。

案例 俞女士于2000年与一家台资公司签订了5年的劳动合同。2003年5月10日俞女士生育了一个儿子，依法休了90天产假后，8月10日上班。由于俞女士的家离公司不远，儿子又需要哺乳，为了尽量不影响工作，俞女士就打算让所请保姆每天上下午带着孩子到公司，由俞女士抽时间给孩子哺乳。

于是，俞女士向公司经理提出每天上午和下午各请假20分钟左右，以便给孩子哺乳，但是，公司经理却以企业工作很忙、国家又没有规定哺乳假为由，不批准俞女士的请假申请。

俞女士将此事反映到公司工会处，工会主席接待了她，在听了俞女士的情况后，工会主席依据劳动法和相关法规规章的规定，与公司经理进行了协调。公司经理在了解了法律法规的相关规定后，同意了工会主席的调解意见，并按照法律法规的相关规定批准了俞女士的请假申请。双方的分歧意见在工会的调解下得到了圆满的解决。

十五、女职工哺乳期内工资被扣发如何维权？

毫无疑问，单位扣发女职工哺乳期内的工资是违法的。

由于女职工的生理特点和承担着喂养婴儿的责任，国家为了维护女职工的合法权益，制定了相应的女职工劳动保护规定。《女职工劳动保护规定》中有规定："哺乳时间和在本单位内哺乳往返途中的时间，算作劳动时间。"因此，女职工在每班劳动时间内可以有两次哺乳婴儿的权利，哺乳婴儿时间按规定算作劳动时间。如果单位扣除女职工哺乳期的工资，这是一种违法行为，女职工可以依法维权。

案例　赵女士于2002年12月8日与珍珍服装公司签订了3年劳动合同。2003年3月10日，赵女士生一女孩，产假满后，于2003年8月26日上班。上班后，赵女士向公司写了请假申请，每班喂小孩两次，每次半小时，公司批准同意。但是公司规章制度规定，女职工在哺乳期间，确需在上班时间内给小孩喂奶的，不得超过一小时，并按事假对待，扣发相应的工资和奖金。

2003年10月9日，赵女士领工资时发现公司扣发其工资99.5元和上月奖金120元。

赵女士不满公司扣其工资及奖金的做法，与公司发生争议。在公司劳动争议调解委员会调解不成后，赵女士于2003年10月17日向当地劳动争议仲裁委员会提起申诉，要求公司支付其工资和奖金，并加付25%的经济赔偿金。

公司认为，该公司育龄女性职工多，影响了该公司的正常生产经营活动，为此，公司不得不制定了相应的规章制度加以限制，以便维护正常生产秩序。

仲裁委员会做出裁决：公司应支付所扣赵女士的工资和奖金，并加付25%的经济赔偿费用。

十六、女职工在孕期或哺乳期被解除劳动合同怎样维权？

根据《劳动法》第二十九条、《劳动合同法》第四十二条的规定，用人单位不可以在女职工哺乳期内解除劳动合同，而且也不得在孕期、产期解除劳动合同。如果劳动合同期满之时妇女正处于以上3个特殊的生理期间，需要延续到孕期、产期或哺乳期结束才可以终止合同。

根据《女职工劳动保护规定》，女职工劳动保护的权益受到侵害时，有权向所在单位的主管部门或者当地劳动部门提出申诉。受理申诉的部门应当自收到申诉书之日起30日内做出处理决定；女职工对处理决定不服的，可以在收到处理决定书之日起15日内向人民法院起诉。

案例 成女士受聘于某医疗中心有限公司任人事助理。双方没有签订劳动合同，但口头约定成女士的月薪为2 400元。

一年后，医疗中心以成女士的工作表现不符合公司要求为由对其发出了辞退通知。此时，成女士在医院检查已怀孕10周，随后以怀孕为由要求单位恢复其工作，单位拒绝。成女士于2004年2月2日顺利生育一子，符合国家计划生育政策。

2004年8月，成女士向法院提起诉讼，主张某医疗中心有限公司在其怀孕期间将其辞退违反法律规定，应该向她支付：①孕期、产假、哺乳期共20个月的工资48 000元；②13天婚假工资1 040元；③社会保险补偿金22 281元；④住房公积金8 832元；⑤产前检查费、生育津贴、生育医疗费、一次性分娩营养补助等生育补偿金共10 000元；⑥经济补偿金和其他费用9 600元。

审理法院认为，原告、被告虽然没有签订劳动合同，但已经形成了事实劳动关系，在解除劳动关系时应参照有关解除劳动合同的法律规定处理。根据《劳动法》第二十九条规定，用人单位在女职工孕期、产期、哺乳期内不得解除劳动合同，女职工在怀孕及生育哺乳期间受法律特殊保护。医疗中心在知道成女士怀孕后仍坚持辞退，不愿恢复劳动关系，应承担法律责任。首先，医疗中心应该支付成女士的孕期、产假和哺乳期工资，孕期和产假工资应按原标准全额照发，产假后哺乳期工资按当地的具体标准计发；其次，医疗中心仅为成女士缴纳了一个月的生育保险，按照该市社保局下发的政策，医疗中心因此有义务向成女士支付全部生育保险待遇。此外，医疗中心还应向成女士支付生育医疗费、一次性分娩营养补助费。

十七、女职工在合同期满后未续订劳动合同，但仍继续工作超过十年的，被解除劳动合同后如何维权？

《劳动法》第二十条规定：“劳动者在同一用人单位连续工作满十年以上，当事人双方同意续延劳动合同的，如果劳动者提出订立无固定期限的劳动合同，应当订立无固定期限的劳动合同。”

依据这一规定，签订无固定期限劳动合同应具备3个条件：一是劳动者在同一用人单位连续工作满10年以上；二是当事人双方同意续延劳动合同；三是劳动者提出订立无固定期限劳动合同的要求。

3个条件同时具备，劳动者就可以与用人单位订立无固定期限的劳动合同。

所以，女职工在具备订立无固定期限劳动合同的条件时，应及时提出，依法维护自己的劳动权利。即使用人单位以职工代表大会决定为由，也不能剥夺劳动者的这一权利。即使劳动者与用人单位形成的是事实劳动关系，同样也不应放弃这一权利。

案例　宫女士1988年12月调入某印刷厂工作，1995年12月31日印刷厂实行劳动合同制度，与宫女士签订了3年劳动合同。合同期满后，双方既未办理续订手续，也未办理终止劳动合同的手续，宫女士仍在印刷厂工作。

2000年4月，印刷厂根据职工代表大会的决定，向宫女士提出续订6个月期限的劳动合同，宫女士则要求续订无固定期限劳动合同，因协商不一致，双方未办理续订劳动合同的手续。

2000年9月，印刷厂以宫女士劳动合同到期为由，向宫女士发出了“终止劳动合同通知书”，并为之办理了终止劳动合同手续。

宫女士立即向劳动仲裁委员会提出申诉，要求与印刷厂续订无固定期限劳动合同。

劳动争议仲裁委员会审理后裁决：印刷厂应与宫女士续订无固定期限劳动合同。

第五章　妇女的医疗与保险权益

一、妇女在医疗活动中享有哪些权利？

首先，在就医前患者享有以下权利

（一）平等医疗权：任何公民在患有疾病时，都有从国家和社会获得医疗服务和物质帮助的权利。

（二）自主决定权：患者有权自主选择到任何一家合法医疗机构接受医疗服务，并且有权在就医过程中就治疗方案、手术中切除的器官、组织、遗体的使用等做出决定。

其次，在医疗进行过程中患者享有以下权利

（一）生命健康权：在就医时医生是否尽力为其解除身心疾病的痛苦，在患者濒危时，医务人员是否给予了及时、有效、积极、足够的救治。

（二）知情权：患者有如实知道为其诊断、治疗人员的基本情况和开展各类医疗活动的内容、步骤及结果的权利。具体而言，首先，患者对自己的病况有知情权，有权利从医生处获知有关自己的病情、医生的诊断、病情的发展、医生为患者制订的治疗计划以及预后情形。其次，患者有权知道处方药物的名称，以及该药物在通常情况下的治疗作用及有可能产生的副作用和正确的用法、用量。最后，患者有权获知有关自己病情及治疗方面的病历资料和医疗护理服务项目、药品的收费标准等。

（三）隐私权：医生非经患者同意不得泄露患者医疗上的秘密。但是如用于医学上的讨论、教学、论文、科研和经验总结等方面，在不暴露患者真实身份的前提下，不受此限。

最后，在发生医疗纠纷时患者享有以下权利

（一）病历的复制权：患者有权按照《医疗事故处理条例》的规定要求复印或者复制病历资料，医疗机构应当提供复印或者复制服务并在复印或者复制的病历资料上加盖证明印记。

（二）回避请求权：在进行医疗事故技术鉴定时，按照《医疗事故处理条例》的相关规定，当事人可以以口头或者书面的方式申请专家鉴定组成员回避。

（三）医疗纠纷举证责任倒置：当医疗机构成为被告时，医疗机构要向法院出示证明自己的行为与损害结果之间不存在因果关系以及没有发生医疗过错的证据。如果医疗机构对此举不出证据，将要承担败诉的责任，并对患者的损失给予赔偿。

（四）申诉权：在发生医疗纠纷后，患者有向医院、卫生行政部门申诉，要求将医疗过程提交医学会进行医疗事故技术鉴定；向卫生行政部门提出处理申请；或向人民法院提起民事诉讼等权利。

（五）求偿权：在医疗过程中发生差错、事故时，患者和家属有提出一次性经济补偿的权利。医疗差错和医疗事故的补偿费由医疗单位支付给患者或其家属。

二、妇女在医疗活动中合法权益受到侵害应该如何维权？

《民法通则》第九十八条规定："公民享有生命健康权。"

患者享有的权利也即医务工作者负有的义务。法律明确指出，医疗机构违反了相关规定，由卫生行政部门责令改正；情节严重的，对负有责任的主管人员和其他直接责任人员依法给予行政处分或纪律处分；造成医疗纠纷的，应承担相应的民事赔偿责任；非法行医，造成患者人身伤害，触犯刑律的，依法追究其刑事责任。

《医疗事故处理条例》第四条规定："根据对患者人身造成的损害程度，医疗事故分为四级：一级医疗事故：造成患者死亡、重度残疾的；二级医疗事故：造成患者中度残疾、器官组织损伤导致严重功能障碍的；三级医疗事故：造成患者轻度残疾、器官组织损伤导致一般功能障碍的；四级医疗事故：造成患者明显人身损害的其他后果的。"

如果医院侵犯了患者的权利，应该承担怎样的责任？

《医疗事故处理条例》第五十五条规定："医疗机构发生医疗事故的，由卫生行政部门根据医疗事故等级和情节，给予警告；情节严重的，责令限期停业整顿直至由原发证部门吊销执业许可证，对负有责任的医务人员依照刑法关于医疗事故罪的规定，依法追究刑事责任；尚不够刑事处罚的，依法给予行政处分或者纪律处分。对发生医疗事故的有关医务人员，除依照前款处罚外，卫生行政部门并可以责令暂停 6 个月以上 1 年以下执业活动；情节严重的，吊销其执业证书。"

三、女患者与医疗机构发生纠纷应该如何维权？怎样开展诉讼？

在医疗活动中，患者利益被侵害现象时有发生。医疗损害往往造成侵权责任和违约责任的同时存在，也就是说，医疗纠纷诉讼中，有医疗违约诉讼，也有医疗侵权诉讼。

医疗违约诉讼，是指医患双方在医疗活动中，一方行为因违反合同义务，对另一方造成损害，受害方对加害方提起民事诉讼，要求加害方承担违约责任。

医疗侵权诉讼，是指医患双方在医疗活动中，一方行为因违反法定义务，对另一方造成损害，受害方对加害方提起民事诉讼，要求加害方承担侵权责任。

选择对自己有利的一种诉讼方式和诉讼理由，对加害者提起诉讼，可以更好地维护自身的合法权益。

《民法通则》第一百一十二条规定："当事人一方违反合同的赔偿责任，应当相当于另一方因此所受到的损失。当事人可以在合同中约定，一方违反合同时，向另一方支付一定数额的违约金；也可以在合同中约定对于违反合同而产生的损失赔偿额的计算方法。"第一百一十九条规定："侵害公民身体造成伤害的，应当赔偿医疗费、因误工减少的收入、残废者生活补助费等费用；造成死亡的，并应当支付丧葬费、死者生前扶养的人必要的生活费等费用。"第一百三十五条规定："向人民法院请求保护民事权利的诉讼时效期间为二年，法律另有规定的除外。"第一百三十六条规定，下列的诉讼时效期间为一年：①身体受到伤害要求赔偿的；②出售质量不合格的商品未声明的；③延付或者拒付租金的；④寄存财物被丢失或者损毁的。

《中华人民共和国合同法》（以下简称《合同法》）第一百二十二条规定："因当事人一方的违约行为，侵害对方人身、财产权益的，受损害方有权选择依照本法要求其承担违约责任或者依照其他法律要求其承担侵权责任。"

四、妇女进行医疗美容反被毁容应该怎样维权？

通常情况下，妇女的美容有两种形式，一是普通美容；二是医疗美容。我们应该将医疗美容与普通美容区别开来。

我们熟知的文眉、吸脂、割双眼皮、隆鼻、隆胸等项目属于医疗美容，它们是用医学技术方法对人的容貌和人体各部位形态进行的修复与再塑，其本质仍属于医疗行为。因此，医疗美容项目的开展，必须具备相关资质，在此过程中发生的损害也属于医疗事故。

普通美容，也是我们常说的生活美容，它们不属于医疗行为，因此，美容过程中发生的损害也只属于一般的侵权行为。

妇女进行医疗美容反被毁容，与医疗机构发生纠纷，应该如何维权？我们可以通过以下方式解决。

首先由纠纷双方遵照实事求是的原则协商处理，协商不成则提请当地医疗事故技术鉴定委员会进行鉴定。卫生行政部门也可在鉴定前与鉴定后，在医患双方自愿的基础上对医患双方进行调解，对于鉴定结论，医患双方任何一方有异议，又调解无效的，可提请上一级医疗事故技术鉴定委员会进行重新鉴定。构成事故的，患者可凭鉴定结论向人民法院提起民事诉讼。

在诉讼过程中，对医疗事故纠纷的举证适用举证责任倒置，医院负有举证义务。

妇女要进行医疗美容，首先应该注意以下几点：①美容手术前，美容就医者享有被告知风险的权利；②在签订就医协议时，美容就医者需防范美容院格式条款的陷阱；③美容手术后，请注意保存有效消费凭证、相关病历、检查报告单等；④在进行民事诉讼过程中，医患双方关系中，法律做出了利于患者的规定，即医院负有举证责任倒置的义务；⑤美容不成反毁容，受害者应按照医患纠纷对加害方提起诉讼。

五、女患者的肖像权受到医疗部门的侵害应该怎样维权？

肖像权是指公民对以在自己的肖像上所体现的利益为内容的权利，具体说，就是公民对于自己的肖像在制作和使用上所享受的专属和排他的权利。

《民法通则》第一百条规定："公民享有肖像权，未经本人同意，不得以营利为目的使用公民的肖像。"由此可见，肖像权具有特定性，是公民的专有权。除法律另有规定外，任何人不得随意使用。

《民法通则》第一百二十条规定："公民的肖像权受到侵害的，有权要求其停止侵害、恢复名誉、消除影响、赔礼道歉，并可以要求赔偿损失。"在医疗实践中，医院使用患者的肖像，或与肖像连带的躯体图像展示、播放，如果为了单纯地收集病例资料，不以肖像形式发表，应该是合法的。如果肖像是用来作为吸引病人来源的宣传工具，这就带有商业广告的性质了，是以营利为目的的，若不经患者同意，就是侵权，要负责任。

医院和医务人员应尊重患者的肖像权，使用患者的肖像资料一定要征得患者本人的同意，否则使用患者的肖像有可能引发纠纷。

案例 某医院为了宣传本院减肥的治疗效果，吸引肥胖病人到医院治疗，未经患者同意，将王某的全身正面照片印刷在医院的宣传资料上四处散发，还将该资料张贴在候诊室橱窗内展示。王某发现后，感到患病时的照片不雅，有损个人的形象，并且因再次就诊时被其他患者认出而围观、询问，使患者感到很难堪。为此，王某多次要求医院停止使用其照片，但医院拒不接受，认为王某是医院的典型病例，表现其治疗患者状况的记载用于医学宣传，不属于侵权。王某以医院不得侵犯患者肖像权为由，起诉到人民法院。

经法院调解，医院同意向王某赔礼道歉，停止使用王某的肖像资料，销毁了尚未发出的宣传资料。

六、妇女作为患者家属，是否有权在病人病危或意识不清的情况下，代为行使知情同意权和自主选择权？

由于医疗合同的主体是医方和患方，患方需具有同意能力，表示同意后，医疗合同才能顺利进行。一般情况下都应由本人亲自表示同意，尤其是涉及患者人身权时。但在病人病危或意识不清的情况下，患者无法行使同意权，由患者家属代为行使知情同意权、自主选择权是合情合理的。

因为，保护人的生命健康是第一位的，家属为了患者的利益得到及时救助，代为行使这项权利，体现了人的生命尊严，符合伦理和法律。患者有权选择是否接受某项医疗服务，特殊情况时可由患者家属决定。当然不排除存在个别故意损害患者利益甚至生命权的亲属，但这终究是少数，而且这种行为如果发生，不是、也不应该归属医务人员的职责范围。

《医疗事故处理条例》第十一条规定：“在医疗活动中，医疗机构及其医务人员应当将患者的病情、医疗措施、医疗风险等如实告知患者，及时解答其咨询；但是，应当避免对患者产生不利后果。”

《民法通则》第十四条规定：“无民事行为能力人、限制民事行为能力人的监护人是他的法定代理人。”

案例 张先生，59岁，2009年3月1日不小心从楼梯上摔下来，导致反应迟钝，简单的数字和模拟画画的能力显著丧失，临床诊断为脑梗塞或脑肿瘤。其判断能力和决定能力极为低下。

在这种状况下，医生告知张先生的妻子，张先生有做脑血管摄影和脑波检查的必要，同时说明脑血管摄影的风险及概率，可能造成一时的麻痹，永久性麻痹的可能与乘坐飞机发生事故的概率相似。

在征得张先生妻子的同意后，即进行了此项必要的检查。

七、医疗过程中，女患者在紧急情况下需要采取紧急措施，但家属不同意签字，医疗合同还需要履行吗？

我国《医疗机构管理条例》第三十三条明确规定：“医疗机构施行手术、特殊检查或者特殊治疗时，必须征得患者同意，并应当取得其家属或者关系人同意并签字；无法取得患者意见时，应当取得家属或者关系人同意并签字；无法取得患者意见又无家属或者关系人在场，或者遇到其他特殊情况时，主治医师应当提出医疗处置方案，在取得医疗机构负责人或者被授权负责人员的批准后实施。”

《侵权责任法》第五十六条规定：“医院抢救生命垂危的患者等紧急情况，不能取得患者或者其亲属意见的，经医疗机构负责人或者授权的负责人批准，可以立即实施相应的医疗措施。”《侵权责任法》对医疗机构紧急救助义务规定，患者享有知情权，医疗机构对患者有说明义务，但在特殊情况下，医疗机构经负责人批准，可以立即实施医疗措施。但是，该条的适用有严格的条件限制：首先，其只适用于因抢救生命垂危的患者等紧急情况，而不适用于一般紧急情况。其次，医疗机构不能取得患者或其近亲属的意见。这主要是指患者不能表达意志，也无近亲属陪伴，又联系不到近亲属的情况，而不包括患者或者其近亲属明确表示拒绝采取医疗措施的情况。最后，必须经医疗机构负责人批准。

案例 2007年11月21日，怀孕9个月的女子李丽云因呼吸困难，在同居男子肖志军的陪同下赴医院检查。医生检查发现孕妇及胎儿均生命垂危，必须及时实施剖腹产。面对身无分文的孕妇，医院决定免费为其实施手术，然而，李丽云的同居男友肖志军却拒绝在手术同意单上签字。最终在医护人员3个多小时的奋力抢救后，孕妇及体内胎儿均不治身亡。事后肖志军坚持认为责任在院方，而卫生局表示医院已尽责，无过错。

八、女患者在医疗过程中被要求脱衣胸透，医生是否侵犯了患者的隐私权？

拍X光片时，一方面，患者应该将可能影响拍摄效果的东西去掉。另一方面，医院工作人员应尽可能地提供令患者满意的服务。如在放射科的检查室内增设供患者更衣的屏风、为患者提供不影响透视效果的“无障碍”衣物等，尽量体现出对患者的人文关怀。

患者与医院之间形成了医疗服务关系。医疗服务关系中医生处于特殊地位，有权对患者的病情进行检查，检查中要求患者除去上身衣服的行为没有违反任何禁止性规定，影像学检查必须防止各类纽扣、拉链、乳罩钢托等造成的阴影对诊断的影响。在暗室里，在没有荧光增强器的条件下，哪怕是一条松紧带都会影响到影像的清晰度。

所以，做胸部透视或拍胸片时，医生让患者除去上身衣服的行为不构成对患者隐私权的侵犯。

案例 2003年4月20日上午，温小姐到北京某医院就医。当进行X光检查时，负责检查的男医生将她叫到检查室后，大声地要求她快把衣服脱掉。温小姐脱掉牛仔外衣后，医生让她“把衣服脱光”。当温小姐只剩下胸罩时，医生依然让她“快脱，全脱”。

温小姐的男友张先生正等在走廊上，听到这些话后，质疑医生为什么要求脱光衣服，随后拨打了110报警。随后，温小姐以侵犯隐私权和知情权为由，将该医院告上法庭，要求索赔精神损失费等各种费用共2万元。

经过法庭调解，温小姐主动撤诉。

九、女患者因医疗事故死亡，家属应该怎样维权？

医疗纠纷民事案件适用《民法通则》和最高人民法院《关于审理人身损害赔偿案件适用法律若干问题的解释》。因为《民法通则》是基本法律。《医疗事故处理条例》中没有规定死亡赔偿金，而《民法通则》和司法解释对此却有明确规定。这既保护了患者的合法权益，又兼顾了司法的公平与公正。从2010年7月1日起，新发布的《中华人民共和国侵权责任法》开始实施，根据新的《侵权责任法》，医疗事故造成死亡的，死者家属可以主张死亡赔偿金。

案例 2007年1月5日晚，沈某夫妇的女儿王某因身体不适，由父母陪同到金堂县某卫生院就医。王某入院诊断为：寒战待诊，急性上呼吸道感染，晕厥原因待查。

入院后王某被予以抗炎、补液、对症等治疗。次日早上，王某突然出现神志不清、呼吸微弱等症状，后经抢救无效死亡。

第三天，王某的尸体被送至四川华西法医学鉴定中心解剖确认，其死亡原因为右侧输卵管妊娠破裂出血致失血性休克死亡。

成都医学会鉴定认为，医方对患者急性上呼吸道感染做了相应的处理，但对患者失血性休克的症状、体征及腹部症状体征认识不足，未做相应的检查，对病情的变化观察不仔细，处理不及时，违反了诊疗护理规范、常规，延误了对疾病的诊治，与患者死亡有直接因果关系。依照相关规定，该病例属一级甲等医疗事故，医方应承担主要责任。随后，沈某夫妇依法起诉，要求卫生院赔偿死亡赔偿金等共计32.8万余元。

法院一审认为，该案病例经鉴定系医疗事故，依照规定应属于《医疗事故处理条例》的调整范围，由于院方应承担主要责任，法院依法酌定卫生院承担赔偿责任的比例为90%，故判决卫生院赔付沈某夫妇丧葬费、交通费、误工费等共计202 810元，赔付精神损害抚慰金45 150元。

十、胎儿死在非法行医者手中，产妇应该怎样维权？

众所周知，医生必须有执业资格。但由于执法不严，非法行医现象时有发生。《刑法》中的非法行医罪，是指未取得医生执业资格的人开展医疗活动的行为。未取得医生执业资格而非法行医，情节严重的，其行为将构成非法行医罪。

根据《刑法》第三百三十六条规定："未取得医生执业资格的人，非法行医，情节严重的，处三年以下有期徒刑、拘役或者管制，并处或者单处罚金；严重损害就诊人身体健康的，处三年以上十年以下有期徒刑，并处罚金；造成就诊人死亡的，处十年以上有期徒刑，并处罚金。"

案例 四川省某县一名女"医生"在无任何行医资质、未取得接生人员培训合格证的情况下为产妇接生，并滥用催产素导致胎儿死亡。产妇将接生的"医生"告上法庭。

县人民法院经过调查，依法作出判决：被告人柴某某犯非法行医罪，判处有期徒刑2年，缓刑3年，并处罚金8 000元。

柴某某（女）系某村村民。2007年5月27日下午，柴某某携带催产素、葡萄糖、输液管等药品和医疗器具，到产妇周某家中为周某接生。柴某某在未确认胎位是否正常的情况下为周某接生，先后为周某静脉滴注葡萄糖盐水和肌注缩宫素1支。但因胎儿系横位，直到下午7时许，周某仍未能正常分娩。

柴某某察觉胎位有异后，忙叫周某的家人将周某送往某县第三人民医院生产。到该院后经检查，胎儿已死于腹中，并经手术将死胎取出。经某市医学会技术鉴定，柴某某在为产妇接生的过程中，由于其医疗技术缺乏，造成胎儿宫内窒息死亡及产妇子宫先兆破裂。胎儿的死亡与柴某某的医疗行为有直接因果关系，柴某某应承担全部责任。

十一、孕妇服用非处方药物导致流产应该如何维权？

《中华人民共和国消费者权益保护法》（以下简称《消费者权益保护法》）第七条规定："消费者在购买、使用商品和接受服务时享有人身、财产安全不受损害的权利。消费者有权要求经营者提供的商品和服务，符合保障人身、财产安全的要求。"第八条规定："消费者享有知悉其购买、使用的商品或者接受的服务的真实情况的权利。消费者有权根据商品或者服务的不同情况，要求经营者提供商品的价格、产地、生产者、用途、性能、规格、等级、主要成分、生产日期、有效期限、检验合格证明、使用方法说明书、售后服务，或者服务的内容、规格、费用等有关情况。"第十八条规定："经营者应当保证其提供的商品或者服务符合保障人身、财产安全的要求。对可能危及人身、财产安全的商品和服务，应当向消费者做出真实的说明和明确的警示，并说明和标明正确使用商品或者接受服务的方法以及防止危害发生的方法。经营者发现其提供的商品或者服务存在严重缺陷，即使正确使用商品或者接受服务仍然可能对人身、财产安全造成危害的，应当立即向有关行政部门报告和告知消费者，并采取防止危害发生的措施。"

根据相关法律规定，药品包装必须按照规定印有或者贴有标签并附有说明书。标签或者说明书上必须注明药品的通用名称、成分、规格、生产企业、批准文号、产品批号、生产日期、有效期、适应征或者功能主治、用法、用量、禁忌、不良反应和注意事项。麻醉药品、精神药品、医疗用毒性药品、放射性药品、外用药品和非处方药的标签，必须印有规定的标志。

如果消费者因购买并使用了标注不清的商品导致不良后果，可以向法院提起诉讼，请求赔偿。

案例 2006年6月的某天，怀孕2个月的胡某在下班回家途中，路过街边的大排档就随意买了些小吃带回家。吃后不久，胡某开始腹泻，她怀疑自己是由于吃了大排档不干净的东西而导致了腹泻。她找出自己家用的常备药“某片”，翻开说明书仔细查看，并未找到“孕妇及哺乳期妇女禁用”的字样，于是她按照说明书中的常规用量放心地服用了药片。

大约一个小时后，胡某的小腹突然开始绞痛且愈痛愈烈，她赶紧去附近的医院就诊。后经诊断发现，胡某这是先期流产的征兆，导致流产的原因是大剂量地服用了某化学物质，而该物质是“某片”的主要成分；孕妇服用“某片”的用量应当为正常成人用量的一半，如果服用过量会导致流产。

遭受流产痛苦、心灵创伤双重打击的胡某非常生气，她认为药品生产商在说明书中竟然能够遗漏如此重要的信息，严重侵犯了自己的知情权和人身安全权。胡某起诉某药品生产商，要求赔偿购药费、医药费、精神损失费等各种损失10万元，得到了法庭的支持。

十二、女患者因医方病历记录不规范而导致严重后果，应该如何维权？

在医患纠纷中，病历是重要的证据。病历记录能直接反映医疗过程，而病历的写作是否规范可以直接反映医疗机构的服务水平。在不规范的病历中，更容易发现医疗机构的医疗行为是否符合法律规范，是否存在过错，医疗行为与损害结果之间是否具有因果关系。

病历具有怎样的法律性质呢？

（一）病历作为民法上的“物”，其物质部分所有人是医疗机构。

（二）医务人员进行医疗行为时必须制作病历。

（三）病历属于秘密文件，不能随意泄露。

（四）病历不得隐匿或者随意涂改、伪造。

（五）病历可以作为证据使用。

病历是医疗、用药、护理、检验及复检等一系列护理保健过程的书面记录，也是记载患者全部医疗经过的具体书据。在诉讼过程中，病历可以作为书证使用，即以病历所记载的意义或内容，作为证据以证明患者所接受医护保健过程的具体实况。

病历也可以作为物证使用，证明患者确实曾经接受医疗行为的事实。因此，病历是诉讼法上的证据文件。

案例 2006年2月18日，怀有身孕的原告邱某因发现自身乳房有肿块，到被告某县人民医院治疗，当天坐诊的陈医生诊断原告所患为右乳纤维瘤，当即为其实施了右乳切除手术。但没有手术记录，未进行病理检查。做完手术后，原告询问是否需要住院观察治疗，医生称其为小手术，不需住院治疗。

邱某回家后，逐渐发现还有肿块，遂于4月3日入住山东中医药大学附属医院，诊断为乳腺癌，住院治疗70天。

2006年12月19日，经山东省医学会医疗事故技术鉴定：医方在对患者的诊疗过程中存在以下过失行为：①病历记录不规范，无手术记录，无肿瘤部位及特征的描述等，未将切除的乳腺肿块送病理检查，违反了诊疗常规；②因医方未行病理检查，延误了患者的进一步诊断和治疗。结论为本病例属于四级医疗事故，医方承担主要责任。原告向法院提起诉讼，要求某县人民医院承担医疗费用79 629元，误工费3 801元，住院伙食补助费1 050元，陪护费7 603元，交通费2 126元，住宿费4 200元，医疗事故技术鉴定费3 500元，此外，原告还要求被告承担精神抚慰金22 371元。

法院审理认为，被告某县人民医院对病历记录不规范，无手术记录，无肿瘤部位及特征的描述等，未将切除的乳腺肿块送病理检查，违反了诊疗常规，由于其对原告的切除手术未正确操作，延误了病情的诊断与治疗，被告对该病例应承担主要责任。对其花费医疗费用10 1910元，被告负担其60％，计61 146元。

十三、女患者如何通过申请医疗事故技术鉴定维权？

医疗事故技术鉴定是指专门的鉴定机构对医疗机构所致损害事件进行的技术鉴定，以确定是否构成医疗事故或是否具有过错的活动。

《医疗事故处理条例》第二十条规定："卫生行政部门接到医疗机构关于重大医疗过失行为的报告或者医疗事故争议当事人要求处理医疗事故争议的申请后，对需要进行医疗事故技术鉴定的，应当交由负责医疗事故技术鉴定工作的医学会组织鉴定；医患双方协商解决医疗事故争议，需要进行医疗事故技术鉴定的，由双方当事人共同委托负责医疗事故技术鉴定工作的医学会组织鉴定。"

依照民事诉讼证据司法解释，在医疗纠纷诉讼中，医疗事故技术鉴定结论是医疗机构证明自己的医疗行为与受害人的损害后果之间没有因果关系，或其医疗行为不存在过失的证据。因为医疗行为侵权责任构成要件中的过错和因果关系具有较强的专业性、技术性，一般需要通过专业机构的鉴定才能确定。

医疗事故技术鉴定只能作为法院审查认定事实的证据。是否作为确定医疗单位承担赔偿责任的依据，应当经过法庭质证。如果受害人证明了医疗行为违法和损害事实的客观存在，而医疗机构不能举证否定因果关系和过错，法院经审理认为这一推定并不违背客观规律，即使没有鉴定结论也可直接认定侵权责任成立。

我国现行有关医疗事故技术鉴定的法律法规主要有：国务院颁布的2002年9月1日施行的《医疗事故处理条例》、原卫生部颁布的2002年9月1日施行的《医疗事故技术鉴定暂行办法》、原卫生部颁布的2002年9月1日施行的《医疗事故分级标准（试行）》、司法部颁布的2005年9月30日起施行的《司法鉴定人登记管理办法》、司法部颁布的2007年10月1日起施行的《司法鉴定程序通则》等。

十四、女患者如何通过申请司法鉴定维权？

司法鉴定是指在诉讼活动中鉴定人运用科学技术或者专门知识对诉讼涉及的专门性问题进行鉴别和判断并提供鉴定意见的活动。或者说，司法鉴定是指在诉讼过程中，对案件中的专门性问题，由司法机关或当事人委托司法鉴定单位，运用专业知识和技术，依照法定程序作出鉴别和判断的一种活动。

2005年2月全国人民代表大会常务委员会通过了《全国人民代表大会常务委员会关于司法鉴定管理问题的决定》。

根据当前我国司法鉴定的专业设置情况、技术手段、检验和鉴定内容的不同，司法鉴定可分为如下种类。①法医类鉴定，包括法医病理鉴定、法医临床鉴定、法医精神病鉴定、法医物证鉴定和法医毒物鉴定。②物证类鉴定，包括文书鉴定、痕迹鉴定和微量鉴定。③声像资料鉴定。声像资料司法鉴定是指运用物理学和计算机学的原理和技术，对录音带、录像带、磁盘、光盘、图片等载体上记录的声音、图像信息的真实性、完整性及其所反映的情况过程进行鉴定；并对记录的声音、图像中的语言、人体、物体作出种类或同一认定。④其他种类司法鉴定，包括计算机司法鉴定、建筑工程司法鉴定、知识产权司法鉴定、司法会计鉴定等。

鉴定通常包括：法医鉴定，即对与案件有关的尸体、人身、分泌物、排泄物、胃内物、毛发等进行鉴别和判断的活动；司法精神病鉴定，即对人是否患有精神病、有没有刑事责任能力进行鉴别和判断的活动；刑事技术鉴定，即对指纹、脚印、笔迹、弹痕等进行鉴别和判断的活动；会计鉴定，即对账目、表册、单据、发票、支票等书面材料进行鉴别和判断的活动；技术问题鉴定，即对涉及工业、交通、建筑等方面的科学技术进行鉴别和判断的活动等。

患者通过司法鉴定，可以还原事实真相，从而维护自己的合法权益。

十五、女患者依法维权，如何区别司法鉴定与医疗事故技术鉴定的异同？

在医疗纠纷诉讼中，医疗事故技术鉴定与司法鉴定是经常采用的证明手段。医疗事故技术鉴定只对医疗行为是否构成医疗事故或是否存在过错做出鉴定。一些医疗事故技术鉴定仅作出是否构成医疗事故的结论，不作出是否存在过错的结论，这对患者一方显然是不利的。司法鉴定可鉴定的范围很广，除常见的医疗行为是否存在过错、患者伤残程度与劳动能力鉴定之外，还可对患者的休息、营养、护理时限等进行鉴定，使损害赔偿的计算更加科学。

医疗事故技术鉴定与司法鉴定还存在以下5个方面的不同。

（一）法律依据不同。医疗事故技术鉴定的法律依据是2002年实施的《医疗事故处理条例》及6个配套卫生法规文件，司法鉴定的主要法律依据则是《民事诉讼法》《司法鉴定程序通则（试行）》。

（二）启动的主体不同。从当事人委托鉴定看，医疗事故技术鉴定需双方当事人共同委托，而司法鉴定则可以是单方当事人委托。

（三）实施鉴定行为的主体不同。根据《医疗事故处理条例》规定，对于医疗事故的技术鉴定，鉴定人员须是医学专家。司法鉴定则由有资质的司法鉴定机构完成。

（四）鉴定的时限不同。负责组织医疗事故技术鉴定的医学会在医疗事故技术鉴定7日前，将鉴定的时间、地点、要求等书面通知双方当事人。司法鉴定机构应当在与委托人签订司法鉴定协议书之日起30个工作日内完成委托事项的鉴定。

（五）鉴定结论的内容和形式不同。医疗事故技术鉴定书应当包括下列主要内容：①双方当事人的基本情况及要求；②当事人提交的材料和医学会的调查材料；③对鉴定过程的说明；④医疗行为是否违反医疗卫生管理法律、行政法规、部门规章和诊疗护理规范、常规；⑤医疗过失行为与人身损害后果之间是否存在因果关系；⑥医疗过失行为在医疗事故损害后果中的责任程度；⑦医疗事故等级；⑧对医疗事故患者的医疗护理的医学建议。经鉴定为医疗事故的，鉴定结论应当包括上款第④至⑧项内容；经鉴定不属于医疗事故的，应当在鉴定结论中说明理由。

司法鉴定文书包括司法鉴定意见书和司法鉴定检验报告书。司法鉴定结论内容包括受理日期、委托人、委托事由、鉴定要求、送鉴材料情况、检验或者检查过程、鉴定（检验）结论或者审查（咨询）意见、鉴定（检验、审查、咨询）人以及其他应当包括的内容。

司法鉴定文书应当由司法鉴定人签名或者盖章。多人参加司法鉴定，对鉴定结论有不同意见的，应当注明。司法鉴定文书应当加盖司法鉴定机构的司法鉴定专用章。

十六、妇女怎样区分社会保险与商业保险？

我们日常所接触的保险，大致分为两种：一种是社会保险；一种是商业保险。社会保险与商业保险是完全不同的两种保险。

社会保险，是一种社会保障制度，通过对劳动者的生、老、病、死等强制保险从而给劳动者及其家属提供基本生活保障。社会保险的投保主体是用人单位和劳动者，只要双方建立了劳动关系，就应当参加社会保险，不参加社会保险的行为是违法的。

商业保险，是指保险人和投保人通过订立保险合同而进行的一种自愿保险行为，是一种自愿缔结的民事合同关系。投保人根据合同约定，向保险公司支付保险费，保险公司根据合同约定的可能发生的事故因其发生所造成的财产损失承担赔偿保险金责任，或者当被保险人死亡、伤残、疾病或达到约定的年龄、期限时承担给付保险金责任。

社会保险与商业保险，它们的区别可以归纳为以下几点。

（一）实施方式不同。社会保险具有强制性，特别是基本保险一定要通过国家或地方立法来强制推行，是法定保险；而商业保险则是自愿进行的，投保与不投保，投保哪个险种等都属自愿。

（二）经营主体不同。社会保险是政府行为，可以由政府或其设立的机构办理，也可以委托金融经营机构如基金公司、银行和保险公司代管。商业保险是企业行为，经营主体是商业保险公司。

（三）是否具有选择性不同。实施社会保险的目标是覆盖全社会，参加社会保险不受年龄、健康状况、生活习惯等限制；而商业保险则是有选择性的。

（四）统一性不同。社会保险基本上都是统一规定全国范围内的险种和缴费比例等。例如，我国就规定现阶段的社会保险只包括养老、医疗、失业、工伤和生育5个险种，而且每个险种的缴费比例都是统一的；商业保险则有自主性，保险公司可以自主决定开设什么险种，自主规定投保人的缴费和待遇。

（五）是否营利不同。社会保险机构是非营利性的，社会保险机构不能从社会保险基金中营利；商业保险公司则具有营利性，保险公司可以用投保人缴纳的保险费进行投资运营。

（六）公益性不同。社会保险具有公益性，是为全体社会成员的利益服务的；商业保险则只为投保人提供合同规定的服务，不是公益性的。

（七）可靠性不同。社会保险比商业保险更安全，国家为社会保险保驾护航；商业保险则有一定风险性。

（八）保障功能不同。社会保险的保障目标是保障社会成员的基本生活需要，即生存需要，因而保障水平相对较低，商业保险则可以满足人们生活消费各个层次的需要，无论生存、发展与享受都可以通过购买商业保险得到保障。

（九）保费负担不同。社会保险的保障费通常是个人、企业和政府三方共同负担的，专户存储，统一管理，商业保险的保险费由投保人负担。保险费中包括了保险人的营业与管理费用，因而收费标准一般较高。

十七、女职工能否享受生育保险？

生育保险是国家通过社会保险立法，对生育职工给予经济、物质等方面帮助的一项社会保险制度。其宗旨在于通过向生育女职工提供生育津贴、产假以及医疗服务等方面的待遇，保障她们因生育而暂时丧失劳动能力时的基本经济收入和医疗保健，帮助生育女职工恢复劳动能力，重返工作岗位，从而体现国家和社会对妇女在这一特殊时期给予的支持和爱护。

生育保险不单单是指对女职工生育子女所花费的生育手术费、住院费等费用的补偿，还应当包括通过建立社会生育基金的方式，对女职工在规定的生育假期内因未从事劳动而不能获得工资收入的补偿。

我国生育保险待遇主要包括两项。一是生育津贴，用于保障女职工产假期间的基本生活需要；二是生育医疗待遇，用于保障女职工怀孕、分娩期间以及职工实施节育手术时的基本医疗保健需要。

目前，我国生育保险的现状是实行两种制度并存。

第一种是由女职工所在单位负担生育女职工的产假工资和生育医疗费。根据国务院《女职工劳动保护规定》，女职工怀孕期间的检查费、接生费、手术费、住院费和药费由所在单位负担。产假期间工资照发。

第二种是生育社会保险。根据原劳动部《企业职工生育保险试行办法》规定，参加生育保险社会统筹的用人单位，应向当地社会保险经办机构缴纳生育保险费。生育保险费的缴费比例由当地人民政府根据计划内生育女职工的生育津贴、生育医疗费支出情况等确定，最高不得超过工资总额的1%，职工个人不缴费。参保单位女职工生育或流产后，其生育津贴和生育医疗费由生育保险基金支付。生育津贴按照本企业上年度职工月平均工资计发。

第六章　妇女的消费权利

一、妇女美容与美容店发生纠纷应该如何维权？

在现实生活中，经常存在经营者先向消费者收取商品价款或服务费用的全部或者一部分，然后在约定的期限内向消费者提供商品或者服务的现象，比如办理美容年卡或者月卡、按摩卡、健身卡、洗车卡等。预收款一般在合同履行完毕后充当货款。如果收受预收款的一方违约，只需返还所收款项，而无须双倍返还。

根据《消费者权益保护法》的有关规定，经营者以预收款的形式提供商品或服务的，应当如约履行，否则构成违约，应当承担违约责任。《消费者权益保护法》第四十七条规定："经营者以预收款方式提供商品或者服务的，应当按照约定提供。未按照约定提供的，应当按照消费者的要求履行约定或者退回预付款；并应当承担预付款的利息、消费者必须支付的合理费用。"

案例　2008年元旦前后，有15名消费者报名参加了某美容院的美体训练，根据美容院的收费标准，每人预付年费2 400元。可是，到了6月份，该美容院却以房租太高、无法弥补正常开支为由，从某区商业中心搬迁到了非常偏远的郊区。搬迁之前，美容院未与消费者进行任何形式的沟通。由于经营者擅自改变经营地址，这15名消费者只能打的去美体，给她们造成了很大的不便。于是这些消费者以该美容院未按约定提供服务为由要求退款，但商家却坚决不同意，双方始终无法达成一致意见。无奈之下，该15名消费者联名向消协进行投诉，要求美容院退还剩余费用。在消协的调解下，商家最终同意退还尚未消费完的剩余训练费。

二、妇女美容遭遇强制消费应该怎样维权？

由于某些行业不够规范，许多经营者还存在一些不诚信、不合法的经营行为，比如，强制妇女消费者的美容卡充值，不充值美容卡就作废等行为。根据法律规定，商家强制消费者消费就是违法行为。消费者有权向有关部门投诉。

《消费者权益保护法》第九条规定："消费者享有自主选择商品或者服务的权利。"消费者有权自主选择提供商品或者服务的经营者，自主选择商品品种或者服务方式，自主决定购买或者不购买任何一种商品、接受或者不接受任何一项服务。消费者在自主选择商品或者服务时，有权进行比较、鉴别和挑选。

《消费者权益保护法》第四十七条规定："经营者以预收款方式提供商品或者服务的，应当按照约定提供。未按照约定提供的，应当按照消费者的要求履行约定或者退回预付款；并应当承担预付款的利息、消费者必须支付的合理费用。"

案例　上海市的高小姐近日向当地消协投诉称，2007年底，她在甲美容店交付3 000元办理了一张美容卡。2008年10月，当她再去该美容院时发现，甲美容店已经重新装修、改头换面，归乙美容院接管，乙美容院告知她要么在12月10日之前将美容卡里的余额消费完毕，否则美容卡做废卡处理；要么再往美容卡里充值1 000元进行转卡，美容卡就可以继续使用。高小姐要求乙美容院退还卡里1 500元的余额，自己不再充值使用，但遭到了拒绝。高小姐于是向当地消协投诉。

当地消协接到投诉后，立即开展调查核实工作。消协认为乙美容院要求消费者再继续往美容卡里充值1 000元的做法构成强制消费，是违法行为。经过多次协商未果，最后消协建议高小姐向甲、乙美容院的总部反映情况，由总部给予解决。

三、妇女消费者遭遇商家强买强卖应该如何维权？

自主选择提供商品或者服务的经营者，自主选择商品品种或者服务方式，自主选择购买或者不购买任何一种商品、接受或者不接受任何一项服务，这是法律赋予消费者的权利。

《消费者权益保护法》第八条规定："消费者享有知悉其购买、使用的商品或者接受的服务的真实情况的权利。"第九条规定："消费者享有自主选择商品或者服务的权利。"

消费者在购买商品或者接受服务时，有权获得质量保障、价格合理、计量正确等公平交易条件，有权拒绝经营者的强制交易行为。

《消费者权益保护法》第十九条规定："经营者应当向消费者提供有关商品或者服务的真实信息，不得作引人误解的虚假宣传。"

经营者对消费者就其提供的商品或者服务的质量和使用方法等问题提出的询问，应当做出真实、明确的答复。商店提供商品应当明码标价。

《刑法》第二百二十六条规定："以暴力、威胁手段强买强卖商品、强迫他人提供服务或者强迫他人接受服务，情节严重的，处三年以下有期徒刑或者拘役，并处或者单处罚金。"

案例 2008年3月29日，郑州市的两名女学生在二七广场闲逛时被一家美容美发店橱窗上的广告"剪发20元，洗剪38元"所吸引。下午14时许，二人走进了这家店。她俩向接待的店员询问洗发、剪发需要多长时间，被告知只要一个小时即可。洗完头后，店员称她俩的发质不好，不停地向她们推荐护发产品，并且向二人出示了消费单。消费单上只有3个项目"洗剪吹38元、洗发用品60元、护发用品60元"后，二人在上面签了字，然后开始剪发。

结账时，当收银员报出"每人消费6 000元，共计12 000元"时，着实让她俩目瞪口呆。正在不知所措之时，一名"好心"的店员告诉她们，只要她们办理一张会员卡（一次性充值9 800元）就能享受五折优惠。她们赶紧掏出手机向同学们借钱。几十名同学将自己的生活费东拼西凑，凑够了9 800元送到店里，两名女生才得以脱身。

事情被媒体曝光后，引起了社会极大的反响，各个执法部门迅速介入调查。当地物价局经调查后发现，该店只有几张小幅的价格表，上面只有洗发一项的价格，明显没有做到明码标价；当地工商局已经责令该美容美发店停业整顿；当地检察机关以该店负责人涉嫌强迫交易罪向人民法院提起了公诉；当地法院经审理，以强迫交易罪判处该店负责人有期徒刑1年零6个月，并处罚金5 000元。

四、妇女在网上所购女士手表与宣传资料不符，应该如何维权？

根据《消费者权益保护法》的相关规定，经营者以邮购方式提供商品的，应当按照约定提供。对不需要明确约定的或应约定而未约定的条件，应按商业惯例执行。按照约定提供商品，是以邮购方式提供商品的经营者的法定义务，经营者违反该项义务，就要承担相应的法律责任。即如果经营者没有按照约定提供商品，消费者有权要求经营者履行约定，或者退还货款。

《消费者权益保护法》第四十六条规定："经营者以邮购方式提供商品的，应当按照约定提供。未按照约定提供的，应当按照消费者的要求履行约定或者退回货款；并应当承担消费者必须支付的合理费用。"

《关于处理侵害消费者权益行为的若干规定》第五条规定：经营者以邮购、电视直销、网上销售、电话销售等方式提供商品或者服务的，应当按照约定提供。未按照约定提供的，应当按照消费者的要求履行约定或者退回货款；并应当承担消费者为此必须支付的通信费、不符合约定条件的商品退回的邮寄费等合理费用。

案例　秦小姐通过网上购物的方式订购了一款女士手表，手表价格为880元，邮费20元。

没过几天，手表就通过快递公司寄了过来，秦小姐马上就戴上了，可是戴上没多久就感觉表带内侧磨得厉害，手腕处的皮肤已经被磨红，而且有严重的过敏症状。

秦小姐经过仔细查看才知道，原来是由于表带内侧一面做工粗糙，厚度不匀所造成的。秦小姐认为这与此表在宣传资料中的“做工精细、佩戴舒适……”的内容不符，于是要求退货、退邮费，但被商家蛮横拒绝。无奈之下，秦小姐只得将该情况向消协进行投诉。

在消协工作人员的调解下，商家退还了货款并承担了邮购费用。

五、妇女去干洗店洗高档衣物时发生纠纷应该怎样维权？

去干洗店清洗高档衣物时，消费者一定要树立自我保护意识和维权意识。在经营者明确告知其存在不同的消费种类时，一定要权衡利弊，选择对自己有利的消费方式；同时，在消费后，消费者一定要养成保留发票以及相关票据的习惯，为今后的诉讼留存证据。

《消费者权益保护法》第十三条规定：“消费者享有获得有关消费和消费者权益保护方面的知识的权利。消费者应当努力掌握所需商品或者服务的知识和使用技能，正确使用商品，提高自我保护意识。”

案例　2008年3月，刘小姐准备将一件高档皮衣清洗后入柜收藏。在某知名的连锁干洗店内，刘小姐叮嘱营业员小姐：“这是从国外带来的名牌，你们清洗时一定要仔细，千万不要弄坏了。”营业员听后，立即向刘小姐推荐“保值清洗”服务，只要刘小姐缴纳衣物定价金额20%的保值费，在发生损毁时干洗店将按照衣物定价金额全部赔偿。刘小姐心想，平时干洗衣物也都没什么问题，何必花这个冤枉钱呢！于是她明确拒绝了。营业员仔细查验了皮衣，在取货单上写明“无破损”的字样。

一个月后，刘小姐去取衣时发现，该皮衣表面严重起皮，当即拒绝取衣并提出干洗店赔偿自己16 000元损失。干洗店觉得委屈，认为自己是按照正常的洗涤规则操作，皮衣起皮系皮衣的质量问题所致，自己不应予以赔偿。刘小姐向法院起诉。

法院查证后认为，刘小姐称该皮衣的价格为16 000元，但是她没有提供相关的购衣发票，加之刘小姐没有选择保值清洗业务，因此法院对刘小姐提出要求干洗店赔偿自己16 000元的主张不予支持；干洗店对于自己按照洗涤规则进行操作的主张无法提供相应证据予以证明，因此按照该市有关规定，干洗店赔偿刘小姐购衣价格25%的费用。

六、妇女消费者同意经营者开不真实的发票，发生纠纷该如何维权？

经营者有向消费者出具单据的义务。按照有关法律法规的规定，经营者在开具购货凭证或者服务单据时应当如实开具，不得弄虚作假。在购货凭证或者服务单据上记载的商品销售者的名称、商品的名称、数量、规格、质量等级、价格及销售商品的日期等都应当真实，应该与消费的实际情况相吻合。尤其是商品价格一栏，经营者不得少开或者多开。如果消费者没有索要发票或者让商家开具了不真实的发票，在日后交易双方因商品或者服务质量引起争议时，自己的主张就会难以被认定和支持。因此，开发票一定要内容真实。

《消费者权益保护法》第四条规定：“经营者与消费者进行交易，应当遵循自愿、平等、公平、诚实信用的原则。”第二十一条规定：“经营者提供商品或者服务，应当按照国家有关规定或者商业惯例向消费者出具购货凭证或者服务单据；消费者索要购货凭证或者服务单据的，经营者必须出具。”

案例 齐小姐的朋友周小姐是经营手机买卖的个体工商户。这天，齐小姐来到周小姐位于某手机批发市场的摊位前，在周小姐的鼎力推荐下，齐小姐看上了一款标价为1 890元的某牌手机。由于是熟人，周小姐对齐小姐说：“小齐，咱俩关系这么好，手机我就按照进价1 200元卖给你。但是一会儿给你开发票的时候，我少写点金额，这样我少缴点税。”齐小姐听后非常高兴，她给自己的价钱这么公道，发票少写点金额算得了什么！

几天后，手机出现了黑屏，齐小姐找周小姐要求退款，谁知周小姐不同意退款反而骂齐小姐得了便宜还卖乖，拣了个大便宜还得寸进尺。气不过的齐小姐索性撕破脸皮将周小姐告上法庭，要求其赔偿购机款1 200元。

法院经查明后，判决周小姐按照发票上记载的金额900元赔偿给齐小姐。

七、妇女去超市购物时摔伤应该怎样维权？

妇女在超市购物，便与超市间形成了一种消费关系，作为经营超市者就应当保障消费者的人身安全。依据法律的规定，从事经营活动的法人，未尽合理的安全保障义务致使他人遭受人身损害的，该法人应当承担相应的赔偿责任。如果因为第三人的侵权导致损害结果发生的，由实施侵权行为的第三人承担赔偿责任。有过错的安全保障义务人在其能够防止或者制止损害发生的范围内承担补充赔偿责任。安全保障义务人在承担责任后，可以向第三人追偿。

如果超市没有在人潮拥挤的入口处设置相关的安全措施，也没有组织服务人员或者保安来维持秩序，说明超市在安全保障方面存在过错。

《消费者权益保护法》第七条规定：“消费者在购买、使用商品和接受服务时享有人身、财产安全不受损害的权利。消费者有权要求经营者提供的商品和服务，符合保障人身、财产安全的要求。”

法律还规定，从事住宿、餐饮、娱乐等经营活动或者其他社会活动的自然人、法人、其他组织，未尽合理限度范围内的安全保障义务致使他人遭受人身损害，赔偿权利人请求其承担相应赔偿责任的，人民法院应予支持。

案例 某超市店庆，全部商品特惠打八折销售。早上8:30，刘女士到达超市时发现超市门口早已挤满了前来购物的人群。9:00超市开门，人群蜂拥、一股脑儿地挤向超市入口，突然，刘女士被后面潮涌般的人群挤倒摔伤，在医院治疗了15天之后才得以痊愈。出院后，刘女士诉诸法律，要求某超市对其人身损害承担责任。某超市则认为，刘女士摔倒受伤是由于拥挤的人群所致，己方与她受伤的结果间没有任何因果关系，因此己方不应当承担任何责任。

法院经审理认为，某超市未尽到安全保障义务，需承担70%的赔偿责任。

八、妇女食用了过期面包导致严重腹泻应该怎样维权？

根据法律规定，消费者因其所购买、使用的商品或者接受的服务遭到了人身及财产损害的，有向生产者、销售者等主张赔偿的权利。

《消费者权益保护法》第七条规定："消费者在购买、使用商品和接受服务时享有人身、财产安全不受损害的权利。消费者有权要求经营者提供的商品和服务，符合保障人身、财产安全的要求。"第十一条规定："消费者因购买、使用商品或者接受服务受到人身、财产损害的，享有依法获得赔偿的权利。"第三十五条第二款规定："消费者或者其他受害人因商品缺陷造成人身、财产损害的，可以向销售者要求赔偿，也可以向生产者要求赔偿。属于生产者责任的，销售者赔偿后，有权向生产者追偿。属于销售者责任的，生产者赔偿后，有权向销售者追偿。"

案例　范女士的先生从某超市买来一袋酸奶和一个沙粒酱面包，作为范女士的早餐。正在享用早餐的范女士突然发现，已经食用了1/3的面包，内馅竟出现了霉菌。下午，范女士腹部突然开始撕心裂肺地疼痛，疼痛持续到晚上9:00，范女士又开始不停地腹泻，就这样折腾到凌晨，范女士整个人快要虚脱了。医生诊断范女士是食用了超标的霉菌导致的严重腹泻。病情稍稍稳定后，范女士在先生的陪同下来到当地消协投诉，准备讨回公道。

接到投诉的消协立即对该超市的面包进行检查后发现，该面包的生产日期是5月18日，夏季的保质期为7天，该面包是过期的商品。当地疾病预防控制中心通过对同批次的面包进行检验后发现，该面包的菌落总数超出标准要求。

最后，在消协的调解下，超市负责人一次性赔偿范女士医药费、误工费、营养费、续医费总共3 000元，并且当即履行。

九、妇女在游泳馆溺水身亡，家属应该怎样维权？

我国法律规定，经营者具有保证商品、服务安全的义务。具体来说，这种义务包括三方面的内容：①经营者提供的商品或服务必须达到有关的产品和服务质量标准；②对可能危及人身、财产安全的商品和服务，应当向消费者做出真实的说明和明确的警示，并说明和表明正确使用商品或者接受服务的方法以及防止危害发生的方法；③经营者发现其提供的商品或者服务存在缺陷，即使正确使用商品或者接受服务仍然可能对人身、财产安全造成危害的，应立即向有关部门报告和告知消费者，并采取防止危害发生的措施。

《消费者权益保护法》第十八条规定："经营者应当保证其提供的商品或者服务符合保障人身、财产安全的要求。对可能危及人身、财产安全的商品和服务，应当向消费者做出真实的说明和明确的警示，并说明和标明正确使用商品或者接受服务的方法以及防止危害发生的方法。宾馆、商场、餐馆、银行、机场、车站、港口、影剧院等经营场所的经营者，应当对消费者尽到安全保障义务。"

案例　何女士在某游泳馆深水区游泳时，突然小腿抽筋整个身体开始下沉。不远处的李女士见状迅速游到何女士身边意图拉住何女士的手，怎料自己水性不佳，眼睁睁地看着何女士渐渐消失在水中，李女士非常焦急地呼喊救生员。周围的游客全部聚集过来了，几位游客也尝试潜入水中托起何女士，但都因水性欠佳而作罢。

十分钟过去了，丝毫不见救生员的身影。于是有游客赶紧跑到吧台向服务员大声喊："有人落水了！快叫救生员！"服务员拨了一阵电话，才见救生员李某从跳台拐角处跑出来。

李某一个猛子扎进水里，两三分钟后就从水中拖出何女士，在游客的帮助下，何女士被平放在水池边。李某对何女士进行人工呼吸，并将其双腿提起、头朝下倒水，同时游客蔡某对何女士进行胸部按压心脏复苏急救，何女士没有一丝清醒过来的迹象。

大家手忙脚乱地赶紧将何女士送进附近医院抢救。医院抢救无效。

根据医院出具的死亡医学证明书表明，何女士系溺水而亡，且在送进医院前就已经死亡。

何女士的家人将某游泳馆告上法庭，要求赔偿各种损失。

法院以该游泳馆未尽到对消费者的安全保障义务为由，判决游泳馆赔偿何女士家人包括医疗费、交通费、误工费、丧葬费、死亡赔偿金、精神损失费在内共计204 408元人民币。

十、妇女购买商品的实际功能与广告不符应该怎样维权？

消费者根据经营者广告宣传中的说明购买了商品，事后发现属于虚假广告，致使消费者的合法权益受到了损害的，消费者可以向经营者要求赔偿。至于确定是否属于虚假广告，衡量的标准包括：广告宣传的产品本身是否具有客观性、真实性；广告所宣传的产品的主要内容，包括产品标准、效用、使用的注册商标、产品生产企业等是否真实等。如果广告是捏造事实，或者宣传的主要内容与事实不符，通常可以认为是虚假宣传。消费者有权举报虚假广告的广告经营者。如果广告经营者不能提供商品经营者的真实名称和地址，广告经营者应当对消费者承担赔偿责任。

《消费者权益保护法》第三十九条规定：“消费者因经营者利用虚假广告提供商品或者服务，其合法权益受到损害的，可以向经营者要求赔偿。广告的经营者发布虚假广告的，消费者可以请求行政主管部门予以惩处。广告的经营者不能提供经营者的真实名称、地址的，应当承担赔偿责任。”

案例 王女士在购买的杂志上看到刊登的一则广告，载明一家公司举办电子产品销售的推广让利活动。广告中有一种多功能收音机产品的图文介绍，同时还载明汇款地址、收款人姓名及邮政账号等信息。看到广告后，王女士决定购买一部多功能收音机，于是根据广告载明的地址汇了款，可几天之后，王女士收到的却只是一部非常普通的收音机，根本没有广告上所说的各种功能。

王女士向工商局投诉，工商部门已经无法找到销售企业。王女士又向法院投诉某杂志。法院经审理认为，杂志社作为广告经营者，不能提供广告主的真实名称、地址，已构成发布虚假广告的行为，应当承担相应的法律责任。最终，杂志社向王女士赔付了邮购费、诉讼费和通信费等费用。

十一、妇女购买的商品和样品不一样时应该怎样维权？

在现实生活中，经营者展示的样品与实际销售商品不符的情况有很多。除了普通生活用品外，服装，特别是定制服装、定制家具，以及成品菜肴等商品，与在产品目录、包装、橱窗、展示台上展示的样品不符的情况时有发生。对于消费者来说，发现买到手的商品质量和自己的预期有巨大差别时，应该怎样维权？

根据我国《消费者权益保护法》的规定，经营者以广告、产品说明、实物样品或其他方式表明商品或者服务的质量状况的，应当保证提供的商品或服务的实际质量与表明的质量状况相符。

所以，消费者在购买商品时，应当留意购买商品时出现样品与实物不符的情况，一旦发生，应当保留好相关凭证，及时向经营者提出。

消费者一旦发现了所购买的商品与样品表明的质量状况不一致时，依法有权要求经营者进行修理、更换或退货。如果造成了损失，可以要求进行赔偿。

案例 孙女士去一家百货公司，以2 500元的价格购买了一套布艺沙发。等沙发送回家后，孙女士发现沙发与样品不符。

经过与公司交涉，公司承认在百货公司摆设的样品的腰垫使用的是定型棉制作的，而孙女士买到的实物中的腰垫，使用的是碎海绵制作的。公司表示，货品可以由厂方负责调换。但孙女士认为百货公司的行为存在欺诈，要求予以退货，并由公司进行双倍赔偿。

百货公司在法院审理过程中，再次表示了愿意调换腰垫的态度，但是孙女士拒绝了，坚决要求赔偿。法院经审理认为，百货公司交付的商品与样品不符，违反了《消费者权益保护法》关于经营者销售商品应当符合样品所表明的质量状况的规定。消费者有权依法要求修理、更换或者退货。造成损失的，经营者应当赔偿。

十二、妇女在酒店消费时遭遇乱收费应该怎样维权？

依照我国现有的法律规定，消费者购买商品时，根据商品的自身情况，有权要求经营者提供以下信息：价格、产地、生产者、用途、性能、规格、等级、主要成分、生产日期、有效期限、检验合格证明、使用方法说明书、售后服务。如果经营者提供的是服务，那么消费者有权要求获知服务的内容、规格、费用等有关情况。

如果经营者没有尽到告知义务，消费者可以向有关部门投诉。

《消费者权益保护法》第八条规定："消费者享有知悉其购买、使用的商品或者接受的服务的真实情况的权利。"

《消费者权益保护法》第二十条规定："经营者向消费者提供有关商品或者服务的质量、性能、用途、有效期限等信息，应当真实、全面，不得作虚假或者引人误解的宣传。经营者对消费者就其提供的商品或者服务的质量和使用方法等问题提出的询问，应当做出真实、明确的答复。经营者提供商品或者服务应当明码标价。"

案例　刘女士与几位朋友在酒店就餐。本来吃得挺高兴，可结账时酒店服务员却告知刘女士，他们没有达到包间最低消费标准600元，要另行收取80元的包间费。

刘女士非常气愤，表示在进酒店订餐和整个就餐过程中，酒店都没有告知他们关于最低消费和收取包间费的规定。为此，她一纸诉状将酒店告上了法庭，要求酒店返还包间费80元。酒店对此事则申辩说：由于设立包间需要投入更多成本，但包间和散座点菜使用的菜单是一致的，所以要单独收取包间费弥补成本。审理法院认为，酒店没有把应当缴纳包间费的规定如实告知刘女士，侵犯了她作为消费者的知情权，导致刘女士无法对服务的提供者进行比较、鉴别，最终丧失了进行挑选的权利，要求酒店将包间费予以退还。

十三、妇女购物时所得赠品出现质量问题应该怎样维权？

赠品如果出现质量问题，消费者在要求获得保修服务时有可能会遭到商家拒绝。商家的理由是：既然是送的东西，就不是普通意义上的商品。那么，赠品出现质量问题应该怎样维权？

事实上，消费者获得经营者的“买一赠一”的商品时，首先必须购买某件特定商品，此时经营者的赠品是以顾客“购买商品”为前提条件的。经营者赠送的物品，其价格已经包含在经营者出售商品时获得的利润中。所以，赠品实际成了销售商品的一部分。

《零售商促销行为管理办法》第十二条规定：“零售商开展促销活动，不得降低促销商品（包括有奖销售的奖品、赠品）的质量和售后服务水平，不得将质量不合格的物品作为奖品、赠品。”第十三条规定：“零售商开展有奖销售活动，应当展示奖品、赠品，不得以虚构的奖品、赠品价值额或含糊的语言文字误导消费者。”

案例 张女士在电脑城看见一家电脑商家正在搞“买一送一”活动，于是就在这家商店购买了一台液晶显示器，得到了商家赠送的价值160元的一个U盘。可是回家后，张女士通过网络信息进行查询时，却发现所赠的U盘本身的产地和外包装不相符，于是张女士就与商家进行磋商，要求更换与外包装相符的U盘或进行赔偿。

张女士的要求遭到了商店的拒绝。因为多次协商无果，张女士诉至法院，要求商家给付正版的U盘。

法院认为，虽然张女士购买的是显示器，U盘属于商家的赠品，但实际上这个赠品是张女士向商家购买显示器时的附加条件，也就是说属于商家负有的附属义务。所以，商家应当承担由赠品U盘带来的民事责任，即更换或赔偿。

法院最后判决商店给付张女士正版U盘，并承担U盘的鉴定费用。

十四、妇女停在小区停车位里的小轿车被盗了应该怎样维权？

管理小区的物业公司是否应当对小区内停放的车辆丢失承担赔偿责任，在法律上存在一定争议。在实践中，也需要根据具体的情况进行具体分析。

首先，物业公司是否对车辆负有保管义务，取决于车主和物业公司之间是否形成保管合同。这种保管合同可以是合同约定的，也可以是事实形成的。保管合同依法自保管物交付时成立，另有约定的除外。如果双方对相应的保管形成了一致的意思表示，而且寄存人已经把保管物实际交付给保管人，保管合同生效。

其次，我们应当明确物业公司在小区安全管理方面负有的义务。依据《物业管理条例》及物业服务合同等的规定，物业公司负有保障业主及使用人的人身财产安全，维护小区秩序，提供安全管理服务的义务。物业公司应当按照合同约定提供相应的服务。未能履行合同约定，导致业主人身、财产安全受到损害的，应当承担相应的法律责任。《物业管理条例》第三十六条规定：“物业服务企业应当按照物业服务合同的约定，提供相应的服务。物业服务企业未能履行物业服务合同的约定，导致业主人身、财产安全受到损害的，应当依法承担相应的法律责任。”

案例 刘女士的奥迪轿车，每晚都停在她居住的小区里。刘女士按小区物业公司的规定缴纳了停车费，并拿到了物业公司核发的停车证以及相对应的出入口检验证，确定了专用车位。每次停放车辆时，刘女士都需要和物业公司的保安人员办理交接手续，在查验停车凭证与车辆相符后才能放行。

一天晚上，刘女士的车停在车位时被盗。轿车丢失后，保险公司对刘女士进行了赔付，折旧赔付额是24万元，有6万元的车款没有获得补偿。刘女士认为物业公司作为小区的管理者，对在小区内停放的车辆负有保管义务。但物业公司却认为，收取停车费是小区内的空地占地费，而不是保管费。

在协商不成的情况下，刘女士把物业公司告上了法庭。

法院经过审理认为，刘女士停泊的车辆丢失了，说明物业公司没有履行保管职责，应承担全部责任。

法院同时指出，任何单位和个人未经有关部门批准，都无权利用国有土地来收取占地费，因此，物业公司关于停车费性质为占地费的说法缺乏法律依据。至于物业公司在核发的停车证上注明车辆自行保管的内容，违反了公平原则，不能约束合同双方，物业公司不能据此免责。

最后，法院判决物业公司赔偿刘女士6万元。

下　篇

未成年人维权法律知识

未成年人是国家的未来和民族的希望。未成年人的健康成长与否直接影响着人类的素质和未来的发展。保护未成年人的工作是直接关系到国家昌盛和民族事业后继有人的战略工程，同时也直接关系到千家万户的幸福安宁，关系到社会和谐发展与进步。

长期以来，未成年人的生存、发展与保护，一直是社会极为重视和关注的问题。随着经济的发展和社会的不断进步，未成年人权益保护越来越引起社会各个方面的重视。因此，促进未成年人的健康成长，保护未成年人的合法权益不受侵害是全社会的共同责任。同时，未成年人及其监护人拿起法律的武器，保护未成年人的合法权益，是未成年人生存与发展的重中之重。

第七章　未成年人的人身权利

一、我国保护未成年人权益的法律主要有哪些？

未成年人是指不满18周岁的人。根据其成长的年龄特点和我国其他法律的相关规定，他们正处于弱势的、需要保护的状态。所以我国从整个未成年人保护的角度，制定了一系列法律规范。

具体来说，各项法律、法规的保护侧重有所不同。《中华人民共和国未成年人保护法》（以下简称《未成年人保护法》）是保护未成年人权利的基本法，该法从未成年人保护义务主体的角度将法律的主要内容分为家庭保护、学校保护、社会保护、司法保护以及侵犯未成年人权利的法律责任等。

《中华人民共和国婚姻法》《中华人民共和国继承法》《中华人民共和国收养法》（以下简称《收养法》）分别规定了未成年人在婚姻家庭、继承和收养关系中享有的民事权利。《中华人民共和国残疾人保障法》（以下简称《残疾人保障法》）中规定了对残疾儿童权利保护的内容。《中华人民共和国义务教育法》（以下简称《义务教育法》）针对儿童受教育的权利和义务做出了专门规定。《中华人民共和国劳动法》规定了未成年人参加劳动的时间和劳动条件，以保护未成年人的身心健康发展。《中华人民共和国刑法》《中华人民共和国刑事诉讼法》（以下简称《刑事诉讼法》）《中华人民共和国预防未成年人犯罪法》（以下简称《预防未成年人犯罪法》）中都有关于未成年人犯罪、处罚的特殊规定，确保刑事司法中未成年人的身心健康权利以及尽量预防未成年人走上犯罪的道路。

除此之外，第44届联合国大会上通过了《儿童权利公约》，1990年9月2日正式生效。1990年8月29日，我国签署了该《公约》。

按照“条约必须信守”的国际法原则，我国应该履行该公约规定的各项义务。

二、未成年人享有哪些基本权利？

我国《未成年人保护法》第三条规定：“未成年人享有生存权、发展权、受保护权、参与权等权利，国家根据未成年人身心发展特点给予特殊、优先保护，保障未成年人的合法权益不受侵犯。”“未成年人享有受教育权，国家、社会、学校和家庭尊重和保障未成年人的受教育权。”“未成年人不分性别、民族、种族、家庭财产状况、宗教信仰等，依法平等地享有权利。”

此外，《儿童权利公约》和我国法律还规定了未成年人的发展权、受保护权和参与权。

发展权是指充分发展其全部体能和智能的权利，包括未成年人有权接受正规和非正规的教育，有权享有促进其身体、心理、精神、道德等全面发展的生活条件。

受保护权是指不受歧视、虐待和忽视的权利，包括保护未成年人免受歧视、剥削、酷刑、暴力或者疏忽照料，以及对失去家庭和处于特殊困境中的未成年人的特别保护。

参与权是指参与家庭和社会生活，并就影响他们生活的事项发表意见的权利。成年人应尊重未成年人的看法。

《未成年人保护法》第三条规定的生存权、发展权、受保护权和参与权，是对《儿童权利公约》有关规定的概括。这四项权利涵盖了四类权利，具有强烈的宣示意义，这四类权利与我国现有法律规定的未成年人权利大部分是重合的，有的还需要其他法律予以具体规定。

《中国儿童发展纲要（2001—2010）》和《中华人民共和国国民经济和社会发展第十一个五年规划纲要》都规定了“依法保障儿童生存权、发展权、受保护权和参与权”。

三、什么是未成年人的生存权？

未成年人的生存权是指未成年人享有其固有的生命权、健康权和获得基本生活保障等方面的权利，包括未成年人享有生命、医疗保障、国籍、姓名、获得足够食物、拥有一定住所以及获得其他基本生活保障的权利。

生存权是未成年人享有其他一切权利的基础性权利。

因此，当未成年人的生存受到威胁的时候，法律就是未成年人的保护神。用法律来保护未成年人的健康成长是监护人义不容辞的责任。一旦未成年人的生存权受到威胁，未成年人的监护人就应该拿起法律的武器进行维权。

案例　东东，男，1994年5月27日出生，住江苏省徐州市某大学宿舍。1998年6月，其刚满4岁时，父母离异，由母亲自行抚养，父亲郑某当时在北京读博士，没有工作。1999年，经过父母协商，其父每月给付抚养费160元。2004年1月其父中断支付。2004年10月，东东家人到北京找到郑某，并且提起诉讼。

双方庭外达成和解后，原告撤诉，郑某每月支付抚育费500元。可是，到了2005年6月，郑某又停止支付东东的抚养费。而东东因为身患癫痫症，常年离不开医药，还多次住院治疗，仅靠其母一人收入难以承受较为沉重的经济负担。于是，东东母亲再次向法院起诉。

法院通过调查分析，最后做出如下判决：

1．自2006年4月起，被告每月支付原告抚育费500元；

2．被告补偿原告自2005年7月至2006年3月的抚育费共计人民币4500元；

3．被告支付原告医疗费2042元。

四、如何保护流浪乞讨等生活无着落未成年人的人身权？

《未成年人保护法》第四十三条规定：“县级以上人民政府及其民政部门应当根据需要设立救助场所，对流浪乞讨等生活无着未成年人实施救助，承担临时监护责任；公安部门或者其他有关部门应当护送流浪乞讨或者离家出走的未成年人到救助场所，由救助场所予以救助和妥善照顾，并及时通知其父母或者其他监护人领回。对孤儿、无法查明其父母或者其他监护人的以及其他生活无着的未成年人，由民政部门设立的儿童福利机构收留抚养。未成年人救助机构、儿童福利机构及其工作人员应当依法履行职责，不得虐待、歧视未成年人；不得在办理收留抚养工作中牟取利益。对孤儿、无法查明其父母或者其他监护人的以及其他生活无着落的未成年人，由民政部门设立的儿童福利机构收留抚养。未成年人救助机构、儿童福利机构及其工作人员应当依法履行职责，不得虐待、歧视未成年人；不得在办理收留抚养工作中牟取利益。”

根据《城市生活无着落的流浪乞讨人员救助管理办法》的规定，县级以上城市人民政府应当根据需要设立流浪乞讨人员救助站。

救助站对流浪乞讨人员的救助是一项临时性社会救助措施。县级以上城市人民政府应当采取积极措施及时救助流浪乞讨人员。

另外，根据《关于加强孤儿救助工作的意见》，发展改革部门应当统筹考虑儿童福利机构和流浪未成年人救助保护机构建设。

《城市生活无着落的流浪乞讨人员救助管理办法》也规定，公安机关和其他有关行政机关的工作人员在执行公务时发现流浪乞讨人员，应当告知其向救助站求助；对其中的残疾人、未成年人、老年人和行动不便的其他人员，还应当引导、护送到救助站。

《民法通则》还规定，没有监护人的未成年人，由未成年人父母所在单位或者未成年人住所地的居民委员会、村民委员会或者民政部门担任监护人。根据本条规定，对流浪乞讨等生活无着的未成年人，由民政部门承担临时监护责任。

五、未成年人的监护人包括哪些人？

根据《民法通则》第十六条规定，未成年人的父母是未成年人的监护人。未成年人的父母已经死亡或者没有监护能力的，由下列人员中有监护能力的人担任监护人：

（一）祖父母、外祖父母；

（二）兄、姐；

（三）关系密切的其他亲属、朋友愿意承担监护责任，经未成年人的父、母的所在单位或者未成年人住所地的居民委员会、村民委员会同意的人。

对担任监护人有争议的，由未成年人的父、母的所在单位或者未成年人住所地的居民委员会、村民委员会在近亲属中指定。

对指定不服提起诉讼的，由人民法院裁决。没有前述规定的监护人的，由未成年人的父、母的所在单位或者未成年人住所地的居民委员会、村民委员会或者民政部门担任监护人。

《未成年人保护法》第十条第一款规定："父母或者其他监护人应当创造良好、和睦的家庭环境，依法履行对未成年人的监护职责和抚养义务。"

六、未成年人的监护人有哪些监护职责和抚养义务？

根据《民法通则》以及《最高人民法院关于贯彻执行〈中华人民共和国民法通则〉若干问题的意见（试行）》的规定，监护人的职责包括：

（一）保护被监护人的身体健康；

（二）照顾被监护人的生活；

（三）管理和保护被监护人的财产；

（四）代理被监护人进行民事活动；

（五）对被监护人进行管理和教育；

（六）在被监护人合法权益受到侵害或者与人发生争议时，代理其进行诉讼。

除为被监护人的利益外，监护人不得处理被监护人的财产。监护人依法履行监护的权利，受法律保护。

监护人不履行监护职责或者侵害被监护人的合法权益的，应当承担责任；给被监护人造成财产损失的，应当赔偿损失；人民法院可以根据有关人员或者有关单位的申请，撤销监护人的资格。

关于抚养义务，《婚姻法》规定，父母对子女有抚养教育的义务；父母不履行抚养义务时，未成年子女有要求父母付给抚养费（包括子女生活费、教育费、医疗费等费用）的权利。

七、未成年人的父母外出打工不能履行监护职责怎么办？

农民工进城务工潮兴起后，农村就有大量的农业人口离开家乡到城市务工，由此产生了一大批父母不在身边的“留守儿童”。由于生父母一方或双方长期不在身边，导致亲情缺失、监护不力，留守儿童可能出现生理、心理等一系列问题，严重影响其健康成长。

留守儿童问题已经成为大家普遍关注的社会问题，因此，必须找到妥善的方法来解决这一问题。2006年通过修改的《未成年人保护法》新增加了第十六条，该条规定了父母可以采取委托监护的方法，即“父母因外出务工或者其他原因不能履行对未成年人的监护职责的，应当委托有监护能力的其他成年人代为监护”。

（一）这是一种双方的民事法律行为，须由监护人委托与被监护人接受委托的意思表示一致才能成立。监护权转移应该有监护人与受托人口头的或者书面的协议，双方意思表示一致才能发生法律效力，同时口头协议还应有第三人证明。

（二）被委托人应为有监护能力的成年人。

（三）可以将监护职责部分或者全部委托给他人。这要视双方的约定内容而定。

（四）监护人承担责任。原则上，因被监护人的侵权行为需要承担民事责任的，应当由监护人承担。

（五）受托人确有过错的，负连带责任。如果受托人确有过错，被侵权人可以要求监护人和受托人双方或者一方承担民事责任。在监护人或受托人承担了民事责任后，监护人和受托人承担如下内部关系：监护人对被侵权人承担了全部责任的，可以要求受托人在其过错范围内予以补偿；受托人承担了全部责任的，可以要求监护人在受托人过错范围以外予以补偿。

（六）监护权转移不消灭监护人资格，不是监护人资格的转移，委托监护不具有变更监护人的作用。

八、法律对父母或其他监护人侵害未成年人人身权利的情况作了哪些相应的规定？

《未成年人保护法》第十条第二款规定："禁止对未成年人实施家庭暴力，禁止虐待、遗弃未成年人，禁止溺婴和其他残害婴儿的行为，不得歧视女性未成年人或者有残疾的未成年人。"

关于这一款规定，我国现行法律已经作了诸多具体的规定。例如，我国《刑法》第二百六十条规定了虐待罪，第二百六十一条规定了遗弃罪，溺婴构成故意杀人罪，其他严重的家庭暴力和残害行为可能构成故意伤害罪。

《最高人民法院关于适用〈中华人民共和国婚姻法〉若干问题的解释（一）》第一条有规定：婚姻法中所称的"家庭暴力"是指行为人以殴打、捆绑、残害、强行限制人身自由或者其他手段，给其家庭成员的身体、精神等方面造成一定伤害后果的行为。持续性、经常性的家庭暴力，构成虐待。

父母或者其他监护人必须履行保障适龄女性儿童少年接受义务教育的义务；除因疾病或者其他特殊情况经当地人民政府批准的以外，对不送适龄女性儿童少年入学的父母或者其他监护人，由当地人民政府予以批评教育，并采取有效措施，责令送适龄女性儿童少年入学。

《未成年人保护法》规定不得歧视女性未成年人，不得歧视有残疾的未成年人。

《残疾人保障法》也规定了扶养人、监护人及亲属对残疾人的扶养义务和监护义务以及鼓励和帮助残疾人增强自立能力的责任；禁止虐待和歧视残疾人；国家、社会、学校和家庭对残疾儿童、少年实施义务教育。

九、对未成年人实施性侵害的行为应负什么责任？

对未成年人实施性侵害的行为是违法行为，侵害人要受到法律的惩罚。

《未成年人保护法》第四十一条规定："禁止拐卖、绑架、虐待未成年人，禁止对未成年人实施性侵害。"

《刑法》第二百三十六条规定："以暴力、胁迫或者其他手段强奸妇女的，处三年以上十年以下有期徒刑。

奸淫不满十四周岁的幼女的，以强奸论，从重处罚。

强奸妇女、奸淫幼女，有下列情形之一的，处十年以上有期徒刑、无期徒刑或者死刑：

（一）强奸妇女、奸淫幼女情节恶劣的；

（二）强奸妇女、奸淫幼女多人的；

（三）在公共场所当众强奸妇女的；

（四）二人以上轮奸的；

（五）致使被害人重伤、死亡或者造成其他严重后果的。"

《刑法》第二百三十七条规定："以暴力、胁迫或者其他方法强制猥亵妇女或者侮辱妇女的，处五年以下有期徒刑或者拘役。聚众或者在公共场所当众犯前款罪的，处五年以上有期徒刑。猥亵儿童的，依照前两款的规定从重处罚。"

《最高人民法院关于行为人不明知是不满十四周岁的幼女双方自愿发生性关系是否构成强奸罪问题的批复》，行为人明知是不满十四周岁的幼女而与其发生性关系，不论幼女是否自愿，均应依照刑法第二百三十六条第二款的规定，以强奸罪定罪处罚；行为人确实不知对方是不满十四周岁的幼女，双方自愿发生性关系，未造成严重后果，情节显著轻微的，不认为是犯罪。

十、拐卖、绑架、虐待未成年人，应该受到什么样的惩罚？

《未成年人保护法》第四十一条规定："禁止拐卖、绑架、虐待未成年人，禁止对未成年人实施性侵害。"

"禁止胁迫、诱骗、利用未成年人乞讨或者组织未成年人进行有害其身心健康的表演等活动。"

《刑法》第二百四十条规定："拐卖妇女、儿童的，处五年以上十年以下有期徒刑，并处罚金；有下列情形之一的，处十年以上有期徒刑或者无期徒刑，并处罚金或者没收财产；情节特别严重的，处死刑，并处没收财产：

（一）拐卖妇女、儿童集团的首要分子；

（二）拐卖妇女、儿童三人以上的；

（三）奸淫被拐卖的妇女的；

（四）诱骗、强迫被拐卖的妇女卖淫或者将被拐卖的妇女卖给他人迫使其卖淫的；

（五）以出卖为目的，使用暴力、胁迫或者麻醉方法绑架妇女、儿童的；

（六）以出卖为目的，偷盗婴幼儿的；

（七）造成被拐卖的妇女、儿童或者其亲属重伤、死亡或者其他严重后果的；

（八）将妇女、儿童卖往境外的。

拐卖妇女、儿童是指以出卖为目的，有拐骗、绑架、收买、贩卖、接送、中转妇女、儿童的行为之一的。"

绑架未成年人的，根据《刑法》第二百三十九条第一款的规定，应处十年以上有期徒刑或者无期徒刑，并处罚金或者没收财产；致使被绑架人死亡或者杀害被绑架人的，处死刑，并处没收财产。以勒索财物为目的偷盗婴幼儿的，以绑架论。

虐待家庭成员，情节恶劣的，依照《刑法》第二百六十条规定构成虐待罪，处二年以下有期徒刑、拘役或者管制。犯虐待罪，致使被害人重伤、死亡的，处二年以上七年以下有期徒刑。

《治安管理处罚法》第四十一条规定："胁迫、诱骗或者利用他人乞讨的，处十日以上十五日以下拘留，可以并处一千元以下罚款。"

十一、怎样区别"赡养""扶养""抚养""收养"和"寄养"？

赡养，是子女、孙子女、外孙子女等对于父母、祖父母和外祖父母等在物质上和生活上的帮助。《婚姻法》规定，子女对父母有赡养扶助的义务。有负担能力的孙子女、外孙子女，对子女已经死亡的祖父母、外祖父母，有赡养的义务。这一规定体现了中华民族的优秀传统和美德，体现了尊老的精神。

扶养，是夫妻双方在物质上和生活上的互相帮助。《婚姻法》规定，夫妻间有相互扶养的义务。这一规定体现了男女权利平等的原则。

抚养，主要是父母、祖父母、外祖父母等对于子女、孙子女、外孙子女等的抚育、教养。《婚姻法》规定，父母对子女有抚养、教育的义务。有负担能力的祖父母、外祖父母，对于父母已经死亡的未成年的孙子女、外孙子女，有抚养的义务。有负担能力的兄、姊，对于父母已经死亡或父母无力抚养的未成年弟、妹有抚养的义务。父母离婚，对于所生子仍有抚养和教育的责任。这体现了爱幼的精神。

收养，是领养他人子女为自己子女的行为。成年男女按政策和法律的规定，可以领养他人的子女作为自己的子女。养父母对养子女有抚养教育的义务；养子女对养父母有赡养扶助的义务，双方不得虐待或遗弃。

寄养，是指被寄养人的生父母由于某种特殊原因（如在外地或患严重疾病），不能尽其教育、抚养义务时而发生的互助性的领养关系。这种领养，有些只有数月，有的是几年，也有的因生父母双亡而发生的长期寄养，则从幼年抚养到成年。

十二、收养未成年人，法律有何具体规定？

《收养法》第四条规定：“下列不满十四周岁的未成年人可以被收养：（一）丧失父母的孤儿；（二）查找不到亲生父母的弃婴和儿童；（三）生父母有特殊困难无力抚养的子女。”

《收养法》第五条规定：“下列公民、组织可以作送养人：（一）孤儿的监护人；（二）社会福利机构；（三）有特殊困难无力抚养子女的生父母。”

《收养法》第六条规定：“收养人应当同时具备下列条件：第一，无子女；第二，有抚养教育被收养人的能力；第三，未患有在医学上认为不应当收养子女的疾病；第四，年满三十周岁。”

《收养法》第八条规定：“收养人只能收养一名子女。收养孤儿、残疾儿童或者社会福利机构抚养的查找不到生父母的弃婴和儿童，可以不受收养人无子女和收养一名的限制。”

《收养法》第九条规定：“无配偶的男性收养女性的，收养人与被收养人的年龄应当相差四十周岁以上。”

《收养法》第十条规定：“生父母送养子女，须双方共同送养。生父母一方不明或者查找不到的可以单方送养。有配偶者收养子女，须夫妻共同收养。”

《收养法》第十一条规定：“收养人收养与送养人送养，须双方自愿。收养年满十周岁以上未成年人的，应当征得被收养人的同意。”

《收养法》第十四条规定：“继父或者继母经继子女的生父母同意，可以收养继子女，并可以不受本法第四条第三项、第五条第三项、第六条和被收养人不满十四周岁以及收养一名的限制。”

《收养法》第十五条规定：“收养应当向县级以上人民政府民政部门登记。收养关系自登记之日起成立。收养查找不到生父母的弃婴和儿童的，办理登记的民政部门应当在登记前予以公告。收养关系当事人愿意订立收养协议的，可以订立收养协议。收养关系当事人各方或者一方要求办理收养公证的，应当办理收养公证。”

案例 王建华和陈丹结婚后生了一个女儿王小芳，她聪明伶俐，父母都十分疼爱她。三口之家过着虽说不是很富裕，但也还算是很安逸的生活。

天有不测风云，在王小芳4岁的时候，王建华和陈丹出门时双双遭遇车祸，住院治疗。因肇事司机逃逸，这次住院花费了大量的医疗费，家里已经入不敷出了。而更为不幸的是，陈丹因本次车祸不幸变成高位截瘫，需要花费更多的治疗费用。

王建华为了照顾陈丹的治疗，并且每天到处借钱，无暇照顾年幼的王小芳。而王小芳年纪尚小，家里也没有别的亲戚可以帮忙照顾她，万般无奈之下，两人决定把王小芳送养给家庭条件很好的、没有儿女的邻居刘大民夫妇，并到县民政局进行了登记。

十三、收养关系成立后，子女和生父母、养父母之间是什么关系？

按我国法律规定，收养行为是一种设定和变更民事权利、义务的重要法律行为，它涉及对未成年人的抚养教育、对老年人的赡养扶助以及财产继承等一系列民事法律关系。由于收养法律行为可导致当事人人身关系和民事权利义务的变化，所以法律对于收养行为一般均规定比较严格的条件。

根据我国《收养法》第二十三条的规定：“自收养关系成立之日起，养父母与养子女间的权利义务关系，适用法律关于父母子女关系规定；养子女与养父母的近亲属间的权利义务关系，适用法律关于子女与父母的近亲属关系的规定。养子女与生父母及其他近亲属间的权利义务关系，因收养关系的成立而消除。”

当收养关系成立后，在法律上，子女和生父母及其近亲属之间的关系消除，生父母不再是子女的监护人，无抚养教育子女的权利和义务，子女成年后也无赡养父母的义务。

当收养关系成立后，子女和养父母之间形成了相当于子女与生父母之间的关系。养父母成为子女的监护人，有抚养和教育未成年养子女的权利和义务。养子女应当和养父母一起生活，而不能和生父母一起生活。养子女在成年后也有义务赡养养父母。养子女和养父母的近亲属形成法律上的亲属关系。

当然，由于养子女和生父母一方家人仍然具有自然血亲关系，所以他们之间，如果是三代以内直系血亲则禁止结婚。

根据我国《收养法》第二十四条的规定："养子女可以随养父或者养母的姓，经当事人协商一致，也可以保留原姓。"

十四、新闻媒体在报道未成年人犯罪时，是否可以披露该未成年人的姓名、照片等信息？如有披露，监护人应该如何维权？

《未成年人保护法》第五十八条规定："对未成年人犯罪案件，新闻报道、影视节目、公开出版物、网络等不得披露该未成年人的姓名、住所、照片、图像以及可能推断出该未成年人的资料。"

本规定对新闻媒体报道未成年人犯罪案件做了明确规定，设置了新闻媒体言论自由的界限。有利于保护未成年人的隐私权，有利于这些未成年人重新走上社会。

《刑事诉讼法》第一百五十二条第二款规定："十四岁以上不满十六岁未成年人犯罪的案件，一律不公开审理。十六岁以上不满十八岁未成年人犯罪的案件，一般也不公开审理。"

案例 2000年6月25日在重庆某某报第三版上用了半版篇幅刊登了一篇该报记者采写的题为"一个孤儿的升华和堕落"的文章，并配有记者所摄的该孤儿抹黑了双眼、低着头、哭丧着脸的大幅照片和"编后语"。该文虽然对该孤儿使用了化名，所配照片对人物的双眼也作了抹黑处理，但由于除了双眼以外该孤儿大部分脸部暴露，使认识的人一眼便能准确无误地认出是某小学孤儿柯某。

该文章对年仅10岁的柯某使用了大量侮辱、贬损人格的语言，对其行为及人品作了不实报道和评价，且未经监护人同意摄取了丑化柯某形象的照片，文章歪曲事实，将柯某描述成一个备受社会关爱而又“堕落”的孤儿。

柯某的监护人请求某律师事务所代理维权，向某法院起诉。

一审法院经过审理认为，重庆某某报的报道侵害了柯某的名誉权，遂判决如下：

1．重庆某某报在本判决生效后立即停止对柯某名誉的侵害，并在本判决生效后3日内在重庆某某报三版相应位置向柯某道歉。

2．重庆某某报社在本判决生效后3日内赔偿柯某精神损害抚慰金人民币7 000元。

3．驳回柯某的其他请求。

另外，柯某诉重庆某某报侵害其已去世父亲名誉权案，亦获得了登报致歉和赔偿精神抚慰金3 000元的一审胜诉判决。

一审判决后，重庆某某报社不服一审判决，两案均提起上诉。上诉的主要理由是：目的是善意的，报道内容基本属实，且隐去文中人物名称，不构成侵权，主张的精神损失赔偿标准高于重庆市高级人民法院的规定。遂请求撤销原判，驳回柯某的诉讼请求。

二审经审理后作出了终审判决，对一审判决的事实认定和登报致歉内容没有改变，但认为重庆某某报的报道主观过错较小，参照重庆市高级人民法院关于审理精神损害赔偿案件的规定，一审主张金额过高，对赔偿金额作出了改判：

1．柯某本人名誉权案赔偿案的精神损害抚慰金由一审的7 000元改判为3 000元。

2．柯某父亲名誉权案赔偿案的精神损害抚慰金由一审的3 000元改判为1 000元。

十五、侵犯未成年人的隐私，应当承担什么责任？

《未成年人保护法》第六十九条规定：“侵犯未成年人隐私，构成违反治安管理行为的，由公安机关依法给予行政处罚。”本条规定了行政责任。

《治安管理处罚法》第四十八条规定："冒领、隐匿、毁弃、私自开拆或者非法检查他人邮件的，处五日以下拘留或者五百元以下罚款。"

另外，根据《最高人民法院关于确定民事侵权精神损害赔偿责任若干问题的解释》的规定，违反社会公共利益、社会公德侵害他人隐私或者其他人格利益，受害人以侵权为由向人民法院起诉请求赔偿精神损害的，人民法院应当依法予以受理。

因此，未成年人的隐私应该受到法律保护，不得任意侵犯未成年人的隐私。如果侵犯未成年人隐私，对未成年人造成精神损害的，应当承担相应的民事责任。

《未成年人保护法》第三十九条规定："任何组织或者个人不得披露未成年人的个人隐私。""对未成年人的信件、日记、电子邮件，任何组织或者个人不得隐匿、毁弃；除因追查犯罪的需要，由公安机关或者人民检察院依法进行检查，或者对无行为能力的未成年人的信件、日记、电子邮件由其父母或者其他监护人代为开拆、查阅外，任何组织或者个人不得开拆、查阅。"

《刑法》第二百五十二条规定："隐匿、毁弃或者非法开拆他人信件，侵犯公民通信自由权利，情节严重的，处一年以下有期徒刑或者拘役。"

《刑法》第二百五十三条规定："邮政工作人员私自开拆或者隐匿、毁弃邮件、电报的，处二年以下有期徒刑或者拘役。"

由此可见，监护人不得违反法律规定，私自开拆、查阅未成年人的信件、日记或电子邮件，否则就是违法行为。

十六、溺弃婴儿会受到什么处罚？

溺弃婴儿包括溺婴和弃婴两种不同类别的行为。

溺婴，原指用水淹没婴儿致其死亡的行为，现今在法律意义上指一切非法剥夺婴儿生命的行为，例如，采用闷捂、掐勒、肢解等意图致死婴儿的行为。

弃婴，是指对婴儿有抚养义务而拒绝抚养，将婴儿丢掉抛弃不管的行为。

我国民间由于重男轻女的思想依然比较严重，所以溺婴和弃婴行为的受害者往往是女婴。有些家庭生了女孩后怕不能再享受生男孩延续香火的机会，因而溺弃女婴。也有些情况是婴儿生下后即发现有先天残疾或严重疾病，父母无力救治或不愿救治的；某些女性未婚先孕无力抚养等，都可能造成溺弃婴儿。无论出于什么原因，溺弃婴儿都是一种违法行为，行为主体要承担相应的法律责任。

《刑法》第二百六十一条规定："对于年老、年幼、患病或者其他没有独立生活能力的人，负有扶养义务而拒绝扶养，情节恶劣的，处五年以下有期徒刑、拘役或者管制。"

溺婴行为直接侵犯了婴儿的生命权，应该依照《刑法》中故意杀人罪的规定追究刑事责任；弃婴行为间接侵犯了婴儿的生命、直接侵犯健康权和被监护权，也可能构成犯罪。

案例　2002年4月，潘某已怀孕8个月，经做B超确认为一男婴，遂扬言待男婴出生后卖掉。此时，村民胡某四处打听想买一男婴抚养。另一村民范某在得知此情况后，随即在二人之间联系介绍，经商定等孩子出生后以12 000元成交。

2002年6月23日（农历）夜，潘某产下一男婴，第二天早上潘某让其公婆给范某捎信让他带钱来抱孩子，当天范某就领着胡某来到潘某家中抱孩子，当时范某把胡某交给他的8 000元现金转交给潘某，并说定剩余的4 000元钱过几天就给，胡某把该男婴抱回家抚养。

几天后，胡某又把剩余的4 000元分两次给范某，范某给潘某3 900元，自已留下100元。

后来，潘某因涉嫌拐卖儿童罪于2003年5月19日被公安局刑事拘留，同年6月6日被公安局逮捕。

法院经过审理认为，被告人潘某将亲生子女出卖，不履行抚养义务，情节恶劣。根据《最高人民法院、最高人民检察院、公安部、民政部、司法部、全国妇女联合会关于打击拐卖妇女儿童犯罪有关问题的通知》以及《全国法院维护农村稳定刑事审判工作座谈会纪要》的相关规定，其行为构成遗弃罪。依照《刑法》第二百六十一条、第三十四条第三款的规定，判决如下：判决潘某有期徒刑1年缓期2年执行，没收违法所得，并处罚金1万元。

十七、父母可以让未成年子女一个人单独居住吗？可以和未成年子女断绝关系吗？

不能。现实生活中，虽然父母尽心尽力地照顾、教育着自己的子女，但是还是难免有“不争气”“屡教不改”的孩子，让父母伤透了心。当情况严重时，便会出现一些父母让未成年子女单独居住，甚至与子女断绝关系的事情。

按我国法律规定，父母对未成年人有抚养的责任和义务。子女和父母之间的关系不是父母可以任意解除的，父母必须承担抚养教育未成年子女到十八周岁的义务。子女行为不良、品行不端，父母应该好好教育，帮助他们改正。

让未成年子女单独居住，或者与未成年子女断绝关系，把子女赶出家门，将他们推向社会，没有人对他们进行管教，只会让他们越学越坏。这是一种不负责任、迫使未成年人离家出走的行为。父母放弃其监护职责，不履行法定义务，是一种违法行为。

我国《未成年人保护法》第十一条规定：“父母或者其他监护人应当关注未成年人的生理、心理状况和行为习惯，以健康的思想、良好的品行和适当的方法教育和影响未成年人，引导未成年人进行有益身心健康的活动，预防和制止未成年人吸烟、酗酒、流浪、沉迷网络以及赌博、吸毒、卖淫等行为。”

《预防未成年人犯罪法》第十九条规定：“未成年人的父母或者其他监护人，不得让不满十六周岁的未成年人脱离监护单独居住。”

《预防未成年人犯罪法》第二十条规定：“未成年人的父母或者其他监护人对未成年人不得放任不管，不得迫使其离家出走，放弃监护职责。”

父母不能让未满16周岁的未成年人脱离监护单独居住。因为他们还没满16周岁，他们的心智发展还不是很完善，一个人单独居住，还是很容易遇到危险，会有诸多的不安全因素。

第八章　未成年人的受教育权利

一、什么是未成年人的受教育权？

受教育权是未成年人的一项基本权利，国家、社会、学校和家庭应予以尊重和保障。所谓受教育权，是指公民通过学校及其他教育设施和途径，学习科学文化知识和专业技能，提高文化素质、政治素质或者业务水平的权利。我国法律历来重视保护公民的受教育权，受教育权是一项宪法性权利。1954年《宪法》、1975年《宪法》、1978《宪法》和1982年《宪法》都明确规定了“中华人民共和国公民有受教育的权利”。随后颁布的《义务教育法》《中华人民共和国教育法》《中华人民共和国职业教育法》《中华人民共和国高等教育法》《中华人民共和国国防教育法》等法律从不同层面对公民受教育权进行了确认和详细规定。

未成年人正处于成长阶段，其最大的任务是上学接受教育。如果在未成年人阶段没有受到很好的教育，对其将来的发展会产生较大的负面影响。因此，保护未成年人，首先要保护其受教育权，受教育权对于未成年人而言意义重大，需要国家、社会、学校和家庭给予充分重视。具体来说，根据我国《未成年人保护法》的规定，父母或者其他监护人应当尊重未成年人受教育的权利，必须使适龄未成年人依法入学接受并完成义务教育，不得使接受义务教育的未成年人辍学；学校应当尊重未成年学生受教育的权利，关心、爱护学生，对品行有缺点、学习有困难的学生，应当耐心教育、帮助，不得歧视，不得违反法律和国家规定开除未成年学生；各级人民政府应当保障未成年人受教育的权利，并采取措施保障家庭经济困难的、残疾的和流动人口中的未成年人等接受义务教育。即使是正在羁押、服刑的未成年人，如果没有完成义务教育的，也应当保证其接受义务教育权利的实现。

二、未成年人的父母或者监护人对未成年人的教育负有哪些责任？

《未成年人保护法》第十二条规定："父母或者其他监护人应当学习家庭教育知识，正确履行监护职责，抚养教育未成年人。"

《未成年人保护法》第十三条规定："父母或者其他监护人应当尊重未成年人受教育的权利，必须使适龄未成年人依法入学接受并完成义务教育，不得使接受义务教育的未成年人辍学。"

据此，未成年人的监护人负有正确履行家庭教育以及保障适龄未成年人接受义务教育的责任。

关于适龄未成年人接受义务教育的问题，《义务教育法》规定，适龄儿童、少年的父母或者其他法定监护人应当依法保证其按时入学接受并完成义务教育。适龄儿童、少年的父母或者其他法定监护人无正当理由未依照《义务教育法》的规定送适龄儿童、少年入学接受义务教育的，由当地乡镇人民政府或者县级人民政府教育行政部门给予批评教育，责令限期改正。

另外，父母或者其他监护人需要担负起对未成年人进行家庭教育的责任。未成年人有自身的生理、心理特点和行为习惯，对他们的教育需要采取适当的方法，施加正确的影响。这就要求父母或者其他监护人加强学习，掌握方法。

《未成年人保护法》第十二条第二款规定："有关国家机关和社会组织应当为未成年人的父母或者其他监护人提供家庭教育指导。"这为父母学习家庭教育知识提供了保障。

《预防未成年人犯罪法》第二十四条也规定，教育行政部门、学校应当举办各种形式的讲座、座谈、培训等活动，针对未成年人不同时期的生理、心理特点，介绍良好有效的教育方法，指导教师、未成年人的父母和其他监护人有效地防止、矫治未成年人的不良行为。

三、父母可以不送适龄儿童入学吗？如果父母不送适龄儿童入学，应该承担什么样的法律责任？

父母不能不送适龄儿童入学。如果父母不送适龄儿童入学，将会受到政府教育部门的批评教育。

受教育是社会与个人的共同需求，在法律上表现为权利与义务的统一。受教育权是指公民依法享有的要求提供平等的受教育条件和机会，通过学习来发展个性、才智和身心能力，以获得平等的生存和发展机会的基本权利。受教育权的根本目的是发展人的个性、才智和身心健康。受教育权的主体是所有公民。

《义务教育法》第四条规定："凡具有中华人民共和国国籍的适龄儿童、少年，不分性别、民族、种族、家庭财产状况、宗教信仰等，依法享有平等接受义务教育的权利，并履行接受义务教育的义务。"

《义务教育法》第五条规定："各级人民政府及其有关部门应当履行本法规定的各项职责，保障适龄儿童、少年接受义务教育的权利。适龄儿童、少年的父母或者其他法定监护人应当依法保证其按时入学接受并完成义务教育。 依法实施义务教育的学校应当按照规定标准完成教育教学任务，保证教育教学质量。社会组织和个人应当为适龄儿童、少年接受义务教育创造良好的环境。"

同时，儿童的受教育权不仅指父母有在其法定年龄达到时送入学校接受国家义务教育的权利和义务，而且指父母有保证儿童完成义务教育的权利与义务。

对于适龄儿童、少年的父母或者其他法定监护人无正当理由未依照《义务教育法》规定送适龄儿童、少年入学接受义务教育的，由当地乡镇人民政府或者县级人民政府教育行政部门给予批评教育，责令限期改正，按照要求送儿童、少年上学。

四、未成年学生被学校开除应该怎样维权？

中小学校可以任意开除学生吗？不能。

根据我国《未成年人保护法》和《义务教育法》的规定，我国实行九年义务教育，保证适龄儿童和青少年入学接受义务教育是学校的一项义务。对品行有缺点、学习有困难的学生，学校应当耐心教育、帮助，不得歧视，不得违反法律和国家规定开除未成年学生。

《义务教育法》第二十七条规定："对违反学校管理制度的学生，学校应当予以批评教育，不得开除。"

《义务教育法》第五十七条规定："学校有下列情形之一的，由县级人民政府教育行政部门责令限期改正；情节严重的，对直接负责的主管人员和其他直接责任人员依法给予处分：（一）拒绝接收具有接受普通教育能力的残疾适龄儿童、少年随班就读的；（二）分设重点班和非重点班的；（三）违反本法规定开除学生的；（四）选用未经审定的教科书的。"

案例 2005年4月27日下午，某音乐学院附中初中一年级学生闫闫在同学文文的陪同下与其男友阿宇会面。文文想让闫闫与阿宇单独在一起谈谈，就找借口提前离开了。没想一待几个小时过去了，天已很晚。闫闫害怕父母知道这件事，不敢回家。她又冷又怕，于是在学校旁边一个旅馆住下，第二天早上7点回到学校。学校因此将她开除，闫闫受到很大打击，她甚至想结束自己的生命。因此，她的父母怕出事，不敢出门在家守着她，家长寻求律师帮助，想让孩子早日回到学校读书。由于学校态度坚决，律师调解不成，于是帮助闫某夫妇向市教委提起申诉。

通过大量协调沟通和调查取证工作，7月13日，市教委认真审核了律师及闫闫家长递交的证据材料和法律依据，支持了闫闫的请求。在市教委的调解下，学校同意让闫闫回校上学。

五、品行有缺点的未成年学生应该如何维护自己的受教育权利？

《未成年人保护法》第十八条规定："学校应当尊重未成年学生受教育的权利，关心、爱护学生，对品行有缺点、学习有困难的学生，应当耐心教育、帮助，不得歧视，不得违反法律和国家规定开除未成年学生。"

对处在义务教育阶段的未成年学生，我国《义务教育法》第二十七条明确规定："对违反学校管理制度的学生，学校应当予以批评教育，不得开除。"

《预防未成年人犯罪法》规定，对于有纠集他人结伙滋事、扰乱治安，携带管制刀具、屡教不改，多次拦截殴打他人或者强行索要他人财物，传播淫秽的读物或者音像制品，进行淫乱或者色情、卖淫活动，多次偷窃，参与赌博、屡教不改，吸食、注射毒品等严重不良行为的未成年学生，其父母或者其他监护人和学校应当相互配合，采取措施严加管教，也可以送工读学校进行矫治和接受教育；对未成年人送工读学校进行矫治和接受教育，应当由其父母或者其他监护人，或者原所在学校提出申请，经教育行政部门批准。

《未成年人保护法》中对工读学校等专门学校做了规定。

《预防未成年人犯罪法》还规定，未成年人有严重不良行为，构成违反治安管理行为的，由公安机关依法予以治安处罚。因不满十四周岁或者情节特别轻微免予处罚的，可予以训诫。未成年人因不满十六周岁不予刑事处罚的，责令他的父母或者其他监护人严加管教；在必要的时候，也可以由政府依法收容教养。

未成年人在被收容教养期间，执行机关应当保证其继续接受文化知识、法律知识或者职业技术教育；对没有完成义务教育的未成年人，执行机关应当保证其继续接受义务教育。

解除收容教养、劳动教养的未成年人，在复学、升学、就业等方面与其他未成年人享有同等权利。

六、未成年人当中的残疾人应该怎样维护自己的受教育权利？

义务教育是国家统一实施的所有适龄儿童、少年必须接受的教育，是国家必须予以保障的公益性事业。实施义务教育，不收学费、杂费。国家建立义务教育经费保障机制，保证义务教育制度实施。

平等地接受义务教育既是适龄未成年人享有的权利，又是其必须履行的一项义务。未成年人当中的残疾人，同样有接受义务教育的权利。我国《宪法》第四十六条规定："中华人民共和国公民有受教育的权利和义务。国家培养青年、少年、儿童在品德、智力、体质等方面全面发展。"

《未成年人保护法》第二十八条规定："各级人民政府应当保障未成年人受教育的权利，并采取措施保障家庭经济困难的、残疾的和流动人口中的未成年人等接受义务教育。"

根据《残疾人保障法》的规定，国家、社会、学校和家庭对残疾儿童、少年实施义务教育。国家对接受义务教育的残疾学生免收学费，并根据实际情况减免杂费。国家设立助学金，帮助贫困残疾学生就学。普通教育机构对具有接受普通教育能力的残疾人实施教育。普通小学、初级中等学校，必须招收能适应其学习生活的残疾儿童、少年入学；拒绝招收的，当事人或者其亲属、监护人可以要求有关部门处理，有关部门应当责令该学校招收。

普通高级中等学校、中等专业学校、技工学校和高等院校，必须招收符合国家规定的录取标准的残疾考生入学，不得因其残疾而拒绝招收；拒绝招收的，当事人或者其亲属、监护人可以要求有关部门处理，有关部门应当责令该学校招收。

初级中等以下特殊教育学校和普通学校附设的特殊教育班，对不具有接受普通教育能力的残疾儿童、少年实施义务教育。

七、被老师体罚的未成年学生应该怎样维权？

教师不能体罚或变相体罚学生。教师体罚或变相体罚学生的做法，是一种违法行为。现实生活中，一些教师体罚未成年学生的做法，一般表现为罚站、罚跪、拧耳朵、脚踢、打耳光等。受体罚的未成年学生，情节严重的，可以向法院起诉。

《未成年人保护法》第二十一条规定："学校、幼儿园和托儿所的教职员工应当尊重未成年人的人格尊严，不得对未成年人实施体罚、变相体罚或者其他侮辱人格尊严的行为。"

《义务教育法》第二十九条第二款规定："教师应当尊重学生的人格，不得歧视学生，不得对学生实施体罚、变相体罚或者其他侮辱人格尊严的行为，不得侵犯学生合法权益。"

案例　2003年3月5日13时，广西某小学二年级二班学生罗某生病，上午请假，便趁午休的时间，向班长覃某询问上午老师布置了什么作业，覃某在回答罗某的问题时，该校校长韦某突然冲进教室，当着众多学生的面不分青红皂白地挥手猛打覃某的左脸，致使覃某的左脸红肿，当场昏迷10多分钟。后经乡卫生院检查出覃某的伤是轻度脑震荡。

2003年6月30日，覃某以韦某、某小学、某中心校为被告诉至法院，要求判令被告赔偿覃某医疗费、护理费、营养费、交通费共5 809元及给付覃某精神损失费、后期治疗费等费用共计8 000元。

法院最后作出如下判决：（一）原告覃某医疗费3 510元，交通费、伙食费与营养费三项费1 020元，护理人员误工375元，合计4 905元，由被告某小学负民事赔偿责任，被告某中心学校负连带赔偿责任。原告覃某的上述损失，被告韦某已全部赔付，被告某小学与某中心学校不再进行赔偿。（二）驳回原告覃某的其他诉讼请求。（三）驳回反诉原告韦某的诉讼请求。

八、怎样认识幼儿园或学校变相体罚未成年学生的行为？未成年人的监护人应该如何维权？

我国法律明文禁止体罚与变相体罚未成年人。与体罚相比，变相体罚在某种意义上是个极有中国特色的概念。从立法的原意来看，有关体罚和变相体罚的规定是为了全面禁止教师使用各种有违学生人格尊严的手段作为纪律管理的方式，这些手段既包括暴力接触学生身体的体罚，也包括采用其他方式但最终也达到了体罚效果的手段。所以“变相体罚”应该是指那些“没有接触被罚人身体，但以非人道方式迫使被罚人做出某些行为，使其身体或精神上感到痛苦的惩罚形式”。

变相体罚这个概念强调三点：①不接触学生身体；②采用非人道方式；③使学生身体或精神上感到痛苦，产生与体罚相同的危害学生身体健康或其他违背人格尊严的后果。根据这个定义，如果教师责令学生当众脱裤子、长时间罚站等行为，即属非人道地对待学生、侮辱学生人格尊严的变相体罚。而强迫学生在烈日下长时间站立、跑步，或者多遍抄写作业等也会产生危害学生身体健康的后果，属于非人道的处置方式，应归入变相体罚。

如果未成年人在学校遭受体罚或变相体罚，其监护人应该采取相应的措施，以保障未成年人的合法权益。

如果情节轻微，没有给受罚的未成年人造成严重的身心影响，监护人可以向变相体罚者所在的学校或幼儿园或上级教育行政部门反映，由其所在单位或上级部门责令改正。如果变相体罚的情节严重，监护人应直接求助上级教育行政机关，由其对直接负责的主管人员和其他直接责任人员依法给予处分。如果变相体罚行为给未成年人造成人身权益或财产权益的损失，体罚者和所在单位要承担民事赔偿责任。如果教师的体罚行为造成严重后果并构成犯罪的，那么监护人要向公安机关报案，请求司法机关依法追究其刑事责任。

九、未成年人在幼儿园或者学校发生人身伤害事故时应该如何维权？

幼儿园和学校依法应当建立安全制度，加强对未成年人的安全教育，采取措施保障未成年人的人身安全。如果幼儿园和学校未尽法定义务，导致未成年人受伤，未成年人的监护人可以向法院起诉，幼儿园和学校应当承担相应的赔偿责任。

幼儿园和学校是否对未成年人摔伤承担赔偿责任，以及承担多大比例的赔偿责任，取决于幼儿园和学校是否在以下方面尽到了法定义务。

（一）幼儿园、学校有维护校（园）内安全的义务。学校、幼儿园、托儿所应当建立安全制度。安全制度包括学校的消防安全、学校的治安管理、学校的建筑安全、校园集体活动安全、校园卫生和饮食安全等。

（二）学校、幼儿园、托儿所不得在危及未成年人人身安全、健康的校舍和其他设施、场所中进行教育教学活动。

（三）学校、幼儿园安排未成年人参加集会、文化娱乐、社会实践等集体活动，应当有利于未成年人的健康成长，防止发生人身安全事故。

案例　2006年1月8日下午1点，宗女士突然接到幼儿园的电话，通知她“小孩掉到开水锅里了”。她听后马上冲到幼儿园，却只见女儿的小衣裳湿漉漉地搭在绳子上，待问清孩子去向再赶到医院，已是下午4点了。

宗女士的孩子在医院的重症监护室里经历了痛苦的13天后，才转到普通病房，其间经过了刮痂手术，经受的痛苦已经难以用语言表述。经诊断，宗女士的女儿全身30%面积二到三度烫伤。

宗女士起诉到法院。法院经过调查认为，幼儿园未起到保护未成年人安全的责任。2006年10月13日，法院做出判决，被告李某于判决生效后10日内给付申请人医疗费、护理费、交通费、住院伙食补助费、鉴定费、残疾赔偿金共计25 319元。

十、未成年学生被倒塌的校舍压死，监护人应该怎样维权？

未成年学生在校发生伤亡事故，监护人可向法院起诉。

根据法律有关规定，负有校舍管理、检查、维修、改造义务的政府部门、学校、幼儿园、托儿所，以及直接负责的主管人员和其他责任人员均应承担责任。具体来说又分为刑事责任、行政责任和民事责任。

首先，如果学校的设施年久失修、存在重大的安全隐患并且造成了比较严重的伤亡事故，符合《刑法》第一百三十八条“明知校舍或者教育教学设施有危险，而不采取措施或者不及时报告，致使发生重大伤亡事故的”，学校的直接责任人员就要被处以3年以下有期徒刑或者拘役；如果后果特别严重的，处3年以上7年以下有期徒刑。其次，学校的直接主管部门、所在地方政府的负责人也应该承担一定的行政责任。最后，给学生造成了伤亡的后果或其他方面的人身、财产损失，还应该由学校承担民事赔偿责任。

案例 赵某，男，某小学校长。王某，男，某小学分管总务后勤的副校长。赵某、王某所任职的小学校舍陈旧，设施简陋。该校的女厕所年久失修，随时有倒塌的危险。

1998年6月初，在连降3天大雨后的一个晴天，上午第一节课后，几十名女学生先后拥进厕所。因厕所过分拥挤，学生将一根已腐蚀的立柱挤倒，厕所倒塌，使在场小学生被压入茅坑或压在砖瓦下，造成6人窒息死亡、13人受重伤、多人轻伤的严重后果。

法院审理后认为，被告人赵某、王某明知学校的女厕所年久失修，随时有倒塌的危险，虽然做了重建的计划，但既未采取任何防范措施，也未及时向有关部门报告，致使厕所屋顶塌落，造成6人死亡、13人重伤、多人轻伤这一特别严重的后果。赵某、王某的行为已构成危害公共安全罪，依法各判处有期徒刑7年。

十一、学校放假期间，未成年学生私自到学校玩耍受到伤害，是否属于学生伤害事故？

如果学校已经放假，而学生私自到学校玩耍受到伤害，这不属于学生伤害事故。根据《学生伤害事故处理办法》第二条的规定，学生伤害事故是指在学校实施的教育教学活动或者学校组织的校外活动中，以及在学校负有管理责任的校舍、场地、其他教育教学设施、生活设施内发生的，造成在校学生人身损害后果的事故。

构成学生伤害事故需要符合下面几个简单特征。

第一，受伤害的主体必须是在校上学读书的学生，即“在校生”，对于非在校读书的学生受到伤害的事故就不是这里所说的学生伤害事故。第二，在校学生受到伤害与学生所在学校的管理职责有关。也就是说，学生的人身伤害是在学校的管理职责范围内发生的，如果完全与学校无关的学生受伤害的情况就不属于这里所讲的学生伤害事故。第三，有学生受到人身伤害的后果，该后果可以是发生在学校组织的教育教学活动期间，或者是在学校组织的校外活动期间。

案例　某市某小学四年级学生张某和王某在十一放假期间的某一天，相约到学校玩耍。到校后，由于学校里的教室都已经上锁，而张某由于是班长，拿有本班教室的钥匙，就将本班教室打开，在教室里登板凳玩耍。结果在玩耍过程中，王某不慎从凳子上摔到水泥地面，将面部摔伤。到医院进行治疗，共花费1 024元。

王某将学校告到法院，要求学校赔偿医疗费用等损失。

在法庭上，被告学校出示证据，证明其在放假前已经向家长发放了《关于十一放假期间学生注意安全的通知》，其中第5条明确规定假期禁止在校学生私自到学校玩耍。学生受伤是原告自己的危险行为造成的后果。最后，法院判决学校不承担责任，一切责任由学生及其监护人负责，驳回原告的诉讼请求。

十二、未成年学生擅自离校期间受到伤害，学校需要承担责任吗？

未成年学生，由于心智不大健全，自制能力比较差，很容易受外界的吸引和诱惑，也很容易被不良势力所欺负。实践证明，并非每个学生在进入学校读书后都能认真地在学校学习，有时候会发生迟到、早退，甚至逃学等行为。虽经过学校的多方劝导，有些学生还是会不时地发生此类事情。根据《学生伤害事故处理办法》第十三条、第九条第十一款的规定，学生在擅自离校期间已脱离了学校管理职责的范围，在这种情形下，只要学校的行为没有不当，学生受到伤害，学校就无须承担责任。但是，如果学校发现学生擅自离校却未及时告知其父母或其他监护人，导致学生因脱离监护人的保护而受到伤害的，学校应当承担责任。

同样，学生自行上学、放学、返校、离校途中发生的伤害事故，以及在放学后、节假日或者假期等学校工作时间以外，学生自行滞留学校或者自行到校发生的伤害事故，学校都不需要承担责任。

案例 小乐是个顽皮的孩子，他就读于白玉小学二年级。某一日，小乐在上自习课的时候觉得无聊，便趁班主任李老师不注意时偷偷溜出学校。班主任李老师发现后，在第一时间联系了小乐的父母，但是他的父母也不知道他的去向。得知后，李老师马上安排人去寻找，但也没有找到。

小乐溜出学校后，跑到家附近的玩具店打算买玩具。在买完玩具后，不幸被附近的小混混盯上，不仅被敲诈了50元钱，还被打伤了。

小乐的父母得知后，认为学校没有尽到监管义务，起诉到法院，让学校承担责任。

法庭认为，小乐是自己擅自离开学校的，并且学校发现后及时通知了家长，又派人寻找，尽了应尽的义务，所以不需要承担责任。

十三、未成年学生伤害事故责任是怎样分类的？混合型事故责任如何维权？

学生伤害事故责任的分类，是指学生伤害事故的责任有哪些类型。通过对学生伤害事故责任的分类，有助于分清楚具体事故的类型，从而有利于责任的认定与法律维权。学生伤害事故责任认定有不同的分类，通常从事故的性质和事故发生原因两个方面进行分类。

根据事故发生的原因不同或责任主体的不同可以将学生伤害事故责任分为以下4类。

（一）学校责任事故，指事故的发生完全是由学校的过错造成的，因而对事故后果承担全部责任。

（二）学生及未成年学生监护人责任事故，是指事故的发生完全是由于学生自己或未成年学生监护人的过错造成的，伤害事故后果责任自负。

（三）第三方责任事故，是指伤害事故的发生既不是由学校造成的，也不是由学生造成的，而是完全由第三方加害人的过错行为造成的，由此，伤害事故的责任完全由第三方来承担。

（四）混合型的责任事故，指的是伤害事故的发生可能是由多方因素造成，是多方当事人的过错行为导致的结果。

混合型事故责任应当按照各方面过错当事人的过错程度的比例来承担。其主体一般就包括以下几种：学校、学生或未成年学生的监护人、其他第三方或者保险公司等。

案例 张某(10岁)、刘某(11岁)均是某市某小学的学生，宋老师是张某的班主任。

2007年12月10日中午11时，宋老师让刚下课的张某为他打开水。张某在打回开水途中，恰逢刘某在学校楼道的防盗门横梁上打秋千，刘某将暖水瓶碰碎，开水将张某左腿烫伤。

事故发生后，宋老师及学校及时将张某送到医院治疗。经过医院诊断，张某左腿烫伤5%。后张某家长将学校、宋老师、刘某告上法院。

法院经审理认为，刘某为限制民事行为能力人，应能够预见打秋千的危险性，其不遵守规定，在楼道打秋千造成原告张某烫伤，应当由刘某的监护人承担民事责任。某小学对学生管理失职，未尽到义务，对原告张某的伤害也应当承担一定的责任。宋老师让未成年的学生打开水，不是履行学校职责的职务行为，宋老师对原告的伤害也应承担一定的责任。由此，判决刘某及其监护人、学校、宋老师三方对原告张某的伤害按4:3:3的比例承担所有损失。

十四、未成年学生在校上体育课导致猝死，监护人应该怎样维权？

未成年学生在校上体育课导致猝死，学校应当承担过错赔偿责任。《民法通则》第一百零六条第一款规定：“公民、法人违反合同或者不履行其他义务的，应当承担民事责任。”

最高人民法院《关于审理人身损害赔偿案件适用法律若干问题的解释》第七条规定：“对未成年人依法负有教育、管理、保护义务的学校、幼儿园或者其他教育机构，未尽职责范围内的相关义务致使未成年人遭受人身损害，或者未成年人致他人人身损害的，应当承担与其过错相适应的赔偿责任。”

案例 小强（化名），男，汉族，15岁，某大学附属中学高中一年级6班学生。2003年10月，小强经确诊患有肥厚性心肌病。2004年7月，小强被附中录取，入学体检时，医生发现其有心脏病，小强如实陈述其病史，体检档案对此记载。

2004年12月9日，下午第二节课后，附中组织学生参加冬季越野长跑比赛。小强坚持半个小时，完成约3 000米长跑。

长跑结束后，小强继续在学校上完晚自习。骑自行车半个小时后回到家，刚一进门对父亲说了句“下午跑得好累啊！”便倒地不醒，小强父亲随即拨打120急救电话，后经医院抢救无效，于22:10时被宣告死亡，诊断结论为猝死。

2004年12月22日至2005年1月22日，小强父亲多次与附中就事故处理的问题进行协商。双方协商未果，小强父母决定通过法律程序解决有关问题，便于2005年4月20日向法院提起民事诉讼，状告附中及其上级主管单位某大学，索赔经济损失和精神损失合计30.6万元。

2006年3月16日，法院经过调查后做出一审判决：原告的损失为20万元，自行承担40%的责任，被告附中承担60%的责任即赔偿原告12万元。

十五、未成年人在使用公共文化设施方面享有哪些特殊权利？

《未成年人保护法》第三十条规定："爱国主义教育基地、图书馆、青少年宫、儿童活动中心应当对未成年人免费开放；博物馆、纪念馆、科技馆、展览馆、美术馆、文化馆以及影剧院、体育场馆、动物园、公园等场所，应当按照有关规定对未成年人免费或者优惠开放。"

《公共文化体育设施条例》第二十一条规定："需要收取费用的公共文化体育设施管理单位，应当根据设施的功能、特点对学生、老年人、残疾人等免费或者优惠开放，具体办法由省、自治区、直辖市制定。"

2004年，文化部、国家文物局下发了《关于公共文化设施向未成年人等社会群体免费开放的通知》。通知要求，从2004年5月1日起，全国文化、文物系统各级博物馆、纪念馆、美术馆要对未成年人集体参观实行免票；对学生个人参观可实行半票；家长携带未成年子女参观的，对未成年子女免票。

一些地方根据通知的要求，结合当地的实际情况，也做出了具体的规定，例如北京市《关于贯彻落实文化部等部门〈关于公益性文化设施向未成年人免费开放的实施意见〉的通知》中规定："享受国家财政支持的各级各类公益性文化设施要坚决执行向未成年人免费或优惠开放的规定。各民办博物馆等文化设施可根据本馆经费及管理情况，创造条件逐步对未成年人参观优惠或免费开放。北京市所属各博物馆（院）、纪念馆、烈士纪念建筑物保护单位、美术馆、展览馆、科技馆、烈士纪念建筑物、名人故居除对学校组织的未成年人集体参观实行免票，对家长携带未成年子女参观的，对未成年子女免票，对未成年人个人参观的也实行免票，但馆内单独收费项目及部分临时展览除外。”

第九章　未成年人的财产权利

一、未成年人有没有物权？

根据法律规定，未成年人具有物权。

所谓物权，是指人们支配特定物并排斥他人干涉的权利。物权具有支配性、绝对性、排他性。法律赋予未成年人享有物权。未成年人的物权是未成年人财产权利中的最重要、最普遍的一种权利。

未成年人物权的取得主要来源于继承、赠予、奖励、报酬。

未成年人的物权表现为：个人生活资料的所有权和依法享有的继承取得。货币、房屋、牲畜、文物、图书资料等都可以成为未成年人物权的客体。

未成年人的物权行使受到监护制度的限制，除未成年人对其能够独立支配的财产外，一般均由监护人代行物权。

未成年人独立支配物权的条件有：一是与其年龄、智力相当的民事活动中可以处分所有权，如学生之间互赠礼物；二是处分财产的价值较小，并不构成对未成年人权益的损害。

现实生活中，存在监护人侵害被监护人财产所有权的情况，这主要是指单位、社区组织作为未成年人监护人，侵占、侵吞未成年人财产的违法行为。解决此类问题的关键在于完善监护人制度，建立健全对监护人的监管机制。

二、什么是未成年人的债权？

债是指按照合同的约定或者依照法律的规定，在当事人之间发生的特定的财产权利和义务关系。享有权利的人是债权人。

未成年人的债权是未成年人财产权利中的一项权利。与成年人相比，未成年人的债权范围较小，且债权的主张要由监护人代行。

未成年人债权的取得有以下几种。

其一，合同之债。未成年人没有缔约行为能力，不发生以交易为目的而产生的合同债权。但是，未成年人因享有著作权、邻接权、接受赠予、奖励等给惠的受让权，所以，未成年人可以取得出版合同的债权、表演合同的债权、赠予合同的债权、给惠约定的债权。

其二，侵权之债。侵害未成年人的人身权利和财产权利及其他合法权益，则产生侵权之债，即侵权人要承担民事责任，侵权人是侵权之债的债务人，未成年人是债权人。

其三，无因管理之债。未成年人在没有法定的或约定的义务，为避免他人利益受损失进行管理或者服务的，有权要求受益人偿还由此而支付的必要费用。例如，未成年人看护他人走失的宠物狗，主人在领取它时，应当支付必要的看护费用，未成年人得以债权人身份主张债权。

其四，不当得利之债。他人没有合法依据而取得不当利益，造成未成年人损失的，未成年人享有请求返还的债权。如未成年人办理借记卡存款业务，误将自己的钱存到他人账户内，则未成年人享有请求返还的权利。

三、未成年人是否可以拥有自己的知识产权？

未成年人可以拥有自己的知识产权。

随着社会发展和科技进步，越来越多的未成年人拥有了自己的知识产权，尤其是与现代信息科技有关的著作权、艺术领域中的表演权，已经成为未成年人知识产权蓬勃发展的领域。

知识产权的概念，《建立世界知识产权组织公约》第二条对其解释是："知识产权包括有关下列各项：文学艺术科学作品，表演艺术家、录音和广播的演出，在人类一切活动领域内的发明、科学发现，外观设计，商标、服务标记、商务名称和牌号，制止不正当竞争以及在工业、科学、文学艺术领域内其他一切来自知识活动的权利。"

未成年人的知识产权包括以下多个方面。

一是著作权。未成年人享有的著作权中的著作包括已发表的和尚未发表的著作。未成年人作为著作权主体，既可以是独创主体，也可以是依法继承的派生著作权主体。保护未成年人著作权具有法律竞合性。著作权的权利内容有两个：人格权和财产权。

二是邻接权。邻接权是指与著作权有关的权益，包括：表演者对表演活动的权利，制作者对其录音制品的权利，广播电视组织对其广播电视节目的权利。未成年人的邻接权保护主要是对未成年人表演权和录音权的保护。

三是计算机程序权。计算机程序又称计算机软件，计算机程序的开发者，是计算机程序的著作权人。未成年人在计算机编程方面的活跃，已是不争的事实。对于未成年人这方面的著作权保护，是著作权法中的新课题。计算机程序权保护适用《中华人民共和国著作权法》。

四是专利权。专利权是法律确认发明人对其发明的专属权利，未经权利人许可，他人不得使用。《中华人民共和国专利法》中的发明是指发明、实用新型、外观设计。未成年人可以成为专利权人。

四、未成年人可以申请自己的专利吗？

未成年人可以申请自己的专利。

《未成年人保护法》第四十六条规定："国家依法保护未成年人的智力成果和荣誉权不受侵犯。"对有天赋的或者有突出成就的未成年人，国家、社会、家庭和学校应当为他们的健康发展创造有利条件。

这里的未成年人智力成果权，是指未成年人对自己创造的智力活动成果依法享有的人身权利和财产权利，是诸如著作权、专利权、发明权和其他科技成果的总称。未成年人享有智力成果权，但是智力成果中的专利权要经过申请、注册等一系列的手续才能获得，而未成年人由于自身行为能力有限，未必能够胜任申请专利的工作。

《中华人民共和国专利法》并没有对申请人的年龄作出规定，说明未成年人有申请专利的权利。但是，根据《民法通则》的规定，不满10周岁的未成年人是无民事行为能力人，由他的法定代理人代理民事活动。10周岁以上的未成年人是限制民事行为能力人，可以进行与他的年龄、智力相适应的民事活动，其他民事活动由他的法定代理人代理，或者征得他的法定代理人的同意。

所以，如果申请人已经满10周岁，可以独立申请专利，而未满10周岁的未成年人，必须由法定代理人来完成。在这种情况下，如果要委托代理机构，那么代理委托书应当由法定代理人来签名。

五、未成年人可以接受馈赠吗？馈赠的财物属于未成年人个人的财产吗？

未成年人可以接受馈赠，并且，所接受的馈赠属于未成年人个人的财产，他人无权干涉。

随着社会的进步和经济的发展，人们的物质生活得到了提高。小孩子们收到的礼物也和昔日有了很大的变化，不再是一块糖、一个本子或一支笔，一些奢侈品、贵重品也常常被亲朋好友作为馈赠小孩子的礼物。

根据我国法律规定，接受别人的馈赠是纯获利益的行为，不会对未成年人的合法权益造成任何损害。不论是多大年龄的未成年人，都可以接受别人的赠予，而不需经过其父母或其他监护人的同意。只要赠送的财物交给了未成年人，赠予就已经具有了法律上的效力，赠予人或者其他任何人都不可以要求未成年人返还赠送的财物。

未成年人接受的奖励、报酬也是一样，任何人都不可以要求未成年人退还。未成年人享有和成年人同样的权利，可以拥有个人财产。

只要赠予人是想把其财物赠送给未成年人个人，而不是给未成年人的父母或家庭，则该财物就是未成年人的个人财产，父母或者其他人都不能将赠送的财物收归自己所有。

根据《最高人民法院关于贯彻执行〈中华人民共和国民法通则〉若干问题的意见（试行）》第六条的规定，无民事行为能力人、限制民事行为能力人接受奖励、赠予、报酬，他人不得以行为人无民事行为能力、限制民事行为能力为由，主张以上行为无效。

六、未成年人损坏他人财产，父母需要赔偿吗？可以用未成年子女的财产来赔偿吗？

父母是未成年人的监护人，与未成年子女一起生活，应该随时照顾管理其生活，并防止其作出可能损坏他人财产或者危及他人人身安全的行为。如果未成年人损坏了他人财产，未成年人及其监护人都有赔偿他人损失的责任。

根据我国《最高人民法院关于贯彻执行〈中华人民共和国民法通则〉若干问题的意见（试行）》第一百五十九条的规定，如果因为未成年人的过错造成了他人的损害，有明确的监护人时，由监护人承担民事责任；监护人不明确的，由顺序在前的有监护能力的人承担民事责任。

有财产的无民事行为能力人、限制民事行为能力人造成他人损害的，从本人财产中支付赔偿费用。不足部分，由监护人适当赔偿，但单位担任监护人的除外。

未成年人损坏他人财产或者造成他人人身伤害，原则上应该由未成年人进行赔偿。如果未成年人有自己的财产，比如，别人赠送的钱，那么，父母就可以用未成年人的钱来支付赔偿的费用。如果未成年人没有自己的财产，或者财产不够进行赔偿的，那么，父母就应当用自己的钱来赔偿。但如果是单位担任未成年人的监护人的，包括未成年人的父母所在单位、未成年人住所地的村民委员会或居民委员会以及民政部门，那么，即使未成年人的行为给他人造成了损害，他人也不能要求这些单位进行赔偿，只能自己承担损失。

《民法通则》第一百三十三条规定："无民事行为能力人、限制民事行为能力人造成他人损害的，由监护人承担民事责任。监护人尽了监护责任的，可以适当减轻他的民事责任。有财产的无民事行为能力人、限制民事行为能力人造成他人损害的，从本人财产中支付赔偿费用。不足部分，由监护人适当赔偿，但单位担任监护人的除外。"

七、夫妻离婚后，应由谁对未成年子女的侵权行为承担责任？

如果未成年人有侵权行为，夫妻离婚后，应该由同该未成年子女共同生活的一方（父或母）来承担民事责任。如果承担民事责任的一方确实经济困难，法院可以责令另一方（父或母）共同承担。

夫妻双方离婚，不仅仅是两个人的事情，也往往会牵涉到未成年子女的权益。离婚后，由于未成年子女仅跟父亲或者母亲生活，很难享受到完整的家庭生活。单亲家庭的孩子，由于父母的离异，有些个性易怒、孤僻，常常惹是生非；有的未成年人甚至给他人的人身、财产造成了损害。

根据《最高人民法院关于贯彻执行〈中华人民共和国民法通则〉若干问题的意见（试行）》第一百五十八条的规定："夫妻离婚后，未成年子女侵害他人权益的，同该子女共同生活的一方应当承担民事责任；如果独立承担民事责任确有困难的，可以责令未与该子女共同生活的一方共同承担民事责任。"

我国法律规定，未成年人造成他人损害的，应当由其监护人承担责任。一般来说，孩子的监护人就是他的父母。如果夫妻离婚，该未成年子女给他人造成损害的，应当由同该未成年子女共同生活的一方来承担民事责任。但是根据《预防未成年人犯罪法》第二十一条的规定，未成年人的父母离异的，离异双方对子女都有教育的义务，任何一方都不得因离异而不履行教育子女的义务。

考虑到未与子女一起生活的一方依然是子女的法定监护人，如果与子女共同生活的一方独立承担民事责任确有困难的，法院可以责令未与子女一起生活的一方共同承担民事责任。不与子女一起生活的一方不可以因为未与子女一起生活而拒绝进行赔偿。

八、监护人在什么情况下可以处理未成年被监护人的财产？

为保护未成年人以及其他无民事行为能力或限制民事行为能力人的合法权利，我国《民法》中规定了监护制度。监护人是一种权利与义务紧密结合、以义务为主要内容的社会职务。设置监护制度，有利于保护被监护人的利益，弥补他们民事行为能力上的不足，使他们的民事权利能力得到实现，从而得以生存和发展。

根据《民法通则》第十六条的规定："未成年人的父母是未成年人的监护人。未成年人的父母已经死亡或者没有监护能力的，由下列人员中有监护能力的人担任监护人：(一)祖父母、外祖父母；(二)兄、姐；(三)关系密切的其他亲属、朋友愿意承担监护责任，经未成年人的父、母的所在单位或者未成年人住所地的居民委员会、村民委员会同意的。"

监护人的职责是保护未成年人的人身、财产及其他合法权益不受侵犯。对于未成年人的财产，监护人有代为管理的职责，但没有私自处理的权利。

案例　宋某7岁时，父母双亡，留下了15万元的遗产。宋某的祖父母和外祖父母都已年老体弱，无法照顾宋某，关系密切的亲属中只有一个叔叔宋贾，愿意做宋某的监护人。

半年后，宋某的姨妈张某从国外留学归来，发现宋贾动用了宋某继承遗产中的10万元买了股票，并且已经被套牢。张某认为，股市风云莫测，风险很大，如果把钱赔进去，宋某将来的生活就没有了保障。张某于是向法院提起诉讼，要求撤销宋贾的监护人资格，由自己担任宋某的监护人。

经过审理，法院撤销了宋贾的监护人资格。

九、父母给未成年子女的财产造成损失，未成年子女如何维权？

虽然说未成年人是父母的亲生儿女，但是，根据法律规定，亲生父母也不能损坏未成年儿女的财产。如有损失，应该赔偿。

社会的发展，经济的进步，使人们的物质生活水平得到了极大的提高。小孩子随之也有了很多的零花钱和个人物品。在日常生活中，由于各种原因，未成年人的个人财产会遭到他人的损坏，于是便涉及了未成年人财产的损失赔偿问题。

根据我国《民法通则》第十八条的规定："监护人应当履行监护职责，保护被监护人的人身、财产及其他合法权益，除为被监护人的利益外，不得处理被监护人的财产。监护人不履行监护职责或者侵害被监护人的合法权益的，应当承担责任；给被监护人造成财产损失的，应当赔偿损失。人民法院可以根据有关人员或者有关单位的申请，撤销监护人的资格。"

如果是他人造成了未成年人财产的损失、侵害了未成年人的合法权益，父母或其他监护人应当为被侵害人伸张权利，并在必要的时候代理未成年人进行诉讼，以保护未成年人的合法权益，使未成年人的财产恢复原状或者得到赔偿。

如果是父母造成了未成年子女财产的损失，同样要承担责任。虽然父母作为监护人，有权利替未成年人保管其财产，但是，财产毕竟是未成年人的，而非监护人所有。这需要分为两种情况对待：第一种情况，如果父母或其他监护人是因为疏忽大意而损坏了未成年人的财物的，则应该进行赔偿。第二种情况，如果父母或其他监护人是故意造成未成年人财产损失的，除了要进行赔偿外，其他有监护资格的人还可以要求人民法院撤销其监护资格。

十、未成年人怎样行使继承权？

未成年人的继承权，可由其监护人代为行使。

我国《继承法》第六条规定："无行为能力人的继承权、受遗赠权，由他的法定代理人代为行使。”

“限制行为能力人的继承权、受遗赠权，由他的法定代理人代为行使，或者征得法定代理人同意行使。”

行为能力，指权利主体凭自己的意思表示能够产生民事法律后果的资格。各国法律规定已达法律规定年龄的自然人为有行为能力人。在一定年龄以下的未成年人、精神病患者以及被依法宣告为无行为能力人等，都属于无行为能力人。

限制行为能力，是指行为能力受限制的自然人只有为不完全的行为能力的资格，也就是仅有部分行为能力。

依照我国《刑法》及其他法律规定成年年龄为18周岁，即满18岁的人为完全有行为能力的人。司法实践中对于10岁以上未满18岁的人，从保障他们合法的权益出发，承认他们有部分行为能力，即10岁至18岁的未成年人是限制行为能力人。10岁以下为无行为能力人。

法定代理，指由于法律上的直接规定而产生代理权的代理行为。无行为能力人的和限制行为能力人的监护人和保护人为他们的法定代理人；法人机关为法人的法定代理人。

综合上述法律规定和法律规则，未成年人行使继承权和受遗赠权分为两种情况：完全无行为能力人，应当由他们的父母或监护人代为行使；有部分行为能力的限制行为能力人，既可以由他们的父母、监护人代为行使，也可以在征得父母、监护人同意后自己行使。

十一、未出生的胎儿有继承遗产的权利吗？

根据法律规定，未出生的胎儿有继承遗产的权利。

公民什么时候享有完全独立的生命，在全世界都是一个广受争论的问题。我国司法实践一般认为，只有孩子完全脱离母体的时候，才真正拥有自己的生命。

但是，在有关继承的法律制度上，考虑到胎儿继承的特殊性，法律特别规定，应当为胎儿保留必要的继承份额。如果父亲死亡时孩子还没有出生，则在分配父亲的遗产时，不管有无遗嘱，都应当为胎儿留出继承份额。胎儿应继承的份额由其母亲代管。所以说，还没有出生的胎儿完全有继承遗产的权利。

根据《继承法》第二十八条的规定：“遗产分割时，应当保留胎儿的继承份额。胎儿出生时是死体的，保留的份额按照法定继承办理。”

关于为胎儿保留的继承份额的最终处理，一般分三种情况：一是胎儿出生后存活的，已保留的继承份额归其所有；二是如果胎儿出生后死亡的，为胎儿保留的份额，由其继承人（即母亲）继承；三是如果胎儿在脱离母体时即属死体的，原为胎儿保留的份额应当按法定继承办理，即应当由被继承的继承人再行分割。

最高人民法院《关于贯彻执行〈中华人民共和国继承法〉若干问题的意见》规定，应当为胎儿保留的遗产份额没有保留的，应从继承人所继承的遗产中扣回。为胎儿保留的遗产份额，如胎儿出生后死亡的，由其继承人继承；如胎儿出生时就是死体的，由被继承人的继承人继承。

十二、未成年私生子怎样维护自己的继承权？

根据是否在法定的婚姻关系存续期间或依据法定婚姻关系所生，我国法律把子女分为婚生子女和非婚生子女两种。

婚生子女是男女双方在依法确立婚姻关系后所生育的子女，而非婚生子女则是在依法确立婚姻关系前或者由婚外行为所生的子女，如非法同居、婚前性行为、通奸及至被强奸后所生的子女。

婚生子女与非婚生子女，虽然在出生形式上是合法婚姻和非法关系的不同产物，但其法律地位却是相同的，不仅享有相同的民事权利，也同时承担相同的民事义务。

《继承法》明确规定，作为第一顺位继承人的“子女”包括婚生子女、非婚生子女、养子女和有抚养关系的继子女。所以非婚生子女享有与婚生子女平等的继承权，任何人不得加以剥夺或限制。

我国法律不仅规定非婚生子女享有与婚生子女平等的继承权，而且在其他民事权利的享有方面也是平等的。如非婚生子女的生父母有抚养未成年子女的义务，即使不在一起生活也要承担必要的生活教育费用，直到子女能够独立生活为止。同时非婚生子女也与婚生子女一样，负有对生父生母年老体弱时的赡养义务。

案例 马某（男）于1990年与王某（女）登记结婚。1993年，马某与王某生下女儿马某某，这令有封建思想的马某大为不快，于是和王某开始闹矛盾，夫妻俩时常争吵。不久，马某在舞厅认识了25岁的领舞小姐罗某。两人产生好感，不久同居，罗某也辞去了舞厅的工作，在新家开始以马某妻子的身份操持家务，于1998年与马某产下非婚生子马东（化名）。

马某见罗某生下儿子，对罗某母子更加疼爱，对外也以罗某的丈夫、马东的父亲身份自居。

马某的妻子王某见丈夫另有新欢，有家不回，遂向公安机关报案。公安机关经过侦查，认为马某与罗某的事实婚姻关系成立。经人民法院判决，马某构成重婚罪，判处有期徒刑1年。

马某在服刑期间，突发疾病身亡。王某认为罗某不是马某的合法妻子，马东也不是马某的婚生子，对马某遗产无继承权。

罗某则认为自己是马某的“重婚”妻子，马东是马某的亲生儿子，都对马某遗产有继承权。双方争执不下，诉至法院。

法院认为，王某是马某的配偶，马某某是马某婚生女，对马某有继承权。马东虽非马某婚生子，但根据我国《婚姻法》关于婚生子女与非婚生子女享有同等权利的原则，以及我国《继承法》关于婚生子女与非婚生子女享有平等继承权的规定，认定马东对马某的遗产享有继承权；因为罗某与马某不具有合法的夫妻关系，所以罗某对马某没有继承权。法院据此对马某遗产进行了分割。

十三、未成年的孙子能不能继承爷爷的遗产？

孙子继承爷爷的遗产，这在法律上称为代位继承。

代位继承又称间接继承，是指被继承人的子女先于被继承人死亡的，由继承人的直系亲属，代为取得其应继承份额的一种法律制度。

《继承法》第十一条规定："被继承人的子女先于被继承人死亡的，由被继承人的子女的晚辈直系血亲代位继承。代位继承人一般只能继承他的父亲或者母亲有权继承的遗产份额。"

根据这条规定，代位继承，是基于继承人已经先于被继承人死亡这个法律事实而产生的，而且，代位继承人仅限于被继承人的晚辈直系血亲，即死者的子女、孙子女、外孙子女、曾孙子女、外曾孙子女。在此情况下，代位继承人代替被代位继承人的继承地位、顺序、应继承的份额继承死者的遗产。其继承的法律地位与被代位继承人所处的顺序中的其他继承人的地位一样。

比如说，父亲比爷爷先去世，孙子可代替父亲继承爷爷的遗产。这时先于被继承人死亡的子女称为被代位继承人（比如父亲），代替其继承遗产的人称为代位继承人（比如孙子），代位继承人继承遗产的权利称为代位继承权。

代位继承只适用于法定继承中，具有如下特点。

第一，代位继承发生的原因是被继承人的子女先于被继承人死亡。第二，能作为被代位继承人的只能是被继承人的子女，并且该子女没有丧失继承权。第三，代位继承人为被代位继承人的晚辈直系亲属，既包括被代位继承人的婚生子女，也包括其非婚生子女、养子女和继子女。第四，代位继承人只能继承他的父（或母）有权继承的遗产份额。即使代位继承人有数人，他们也只能共同继承被继承人的一份遗产。

十四、未成年的外孙能不能继承外公的遗产？

假如，外公去世的第三天，妈妈因悲伤过度也去世了，在分割外公的遗产时，外孙能不能代替妈妈继承外公的遗产？

从法律规定来看，在一定情况下，外孙可以代替母亲继承外公的遗产，但这实际上是外孙代替他母亲继承外公的那一份遗产，这种情况，属于转继承问题。

继承人在被继承人死亡以后、遗产分割以前的这段时间内相继去世，在去世以前，继承人并未放弃或者丧失继承权，其未实际取得的遗产份额，转由他的继承人继承，称为转继承。这时，死亡的继承人称为被转继承人（比如妈妈），实际接受遗产的人（比如妈妈的子女）称为转继承人，转继承人继承遗产的权利称为转继承权。

转继承必须具备四个要件：第一，继承人必须死在继承开始以后、遗产分割以前的期间内；第二，继承人在继承开始后、本人去世前，并未放弃或者丧失继承权；第三，继承开始后，继承人因其死亡，而未来得及实际取得被继承人的遗产；第四，继承人须有他的继承人存在，以代替他继承被继承人的遗产。

转继承，即把两个相互联系的继承行为合为一体，前一继承是后一继承的依据；后一继承是前一继承的延续和终结。

当转继承发生时，根据不同情况可作不同的处理。

如果继承人生前订有遗嘱，对自己的遗产和本人的财产做了遗嘱指定的，应按遗嘱办理；如果本人只对自己的财产做了遗嘱指定，对应继承的遗产未作处理的，本人财产按遗嘱办理，应继承遗产按法定继承的顺序实施法定继承。

如果本人对应继承的遗产作了遗嘱指定处理的，则按遗嘱办理；对本人财产未作遗嘱处理的，按法定继承顺序实施继承。

如果继承人对本人财产和应继承的遗产都未作遗嘱指定处理的，则应一并按照法定继承的条件实施继承行为。

十五、父母离婚后，未成年的子女因上学等原因要求增加抚养费怎么办？

父母与子女之间的关系是具有血缘关系的亲子关系，这种关系一旦产生，便具有自身的独立性和稳定性，不受父母婚姻关系是否存续的影响。因此，当父母离婚后，一方抚养子女，而不与子女共同生活的一方应负担子女必要的生活费和教育费的一部分或全部。随着物价的上涨，子女还可以在必要的时候向其提出超过原定抚养费的合理要求。比如，子女生病治疗的医药费、上学的学费等都应该由不与子女生活的一方负担相应的部分。

《婚姻法》第三十六条规定："父母与子女间的关系，不因父母离婚而消除。离婚后，子女无论由父或母直接抚养，仍是父母双方的子女。离婚后，父母对于子女仍有抚养和教育的权利和义务。"

《婚姻法》第三十七条还规定："离婚后，一方抚养的子女，另一方应负担必要的生活费和教育费的一部或全部，负担费用的多少和期限的长短，由双方协议；协议不成时，由人民法院判决。"

关于子女教育费和生活费的协议或判决，不妨碍子女在必要时向父母的任何一方提出超过协议和判决原定数额的合理要求。

案例 王女士与马某结婚后生育一子马甲。由于马某常年在外地工作，夫妻感情淡薄。王女士向法院提出离婚，法院判决离婚，并把3岁的马甲判给母亲抚养，马某每月支付抚养费200元。

离婚两年后马某为马甲买了一份人身意外伤害保险，每月缴纳保险费300元。同年8月，马某与丁某结婚，丁某认为马某每月为马甲支付的保险费可以充抵抚养费。而王女士认为，为儿子缴保险费属于马某自愿，不能冲抵抚养费；同时儿子9月份要上小学，所以要求马某增加抚养费。法院予以支持。

十六、未成年人买彩票中了大奖，是否有权接受奖金？

未成年人买彩票中了大奖，有权接受奖金。如果奖金数额巨大，可以由未成年人的监护人代理接受奖金。

我国法律设立了民事行为能力制度，依年龄和精神健康状况对所有民事主体的民事行为能力进行了划分，具体在年龄方面，不满10周岁的未成年人是无民事行为能力人，由他的法定代理人代理进行民事活动。10周岁到18周岁的未成年人为限制民事行为能力人，一些与其年龄、智力状况不相适应的民事活动仍需代理人代理。

法律之所以设立民事行为能力制度，一方面可以保障还未获得成熟理智者的利益，使其不因为自己的理智行为而蒙受损失；另一方面将还未获得成熟理智者排除在其能力不能承担的民事活动或市场活动之外，防止其误入而又不能承担责任的情况发生。

虽然无民事行为能力或限制民事行为能力人不能完全以自己的行为参与民事活动、取得民事权利、承担民事义务，但根据最高人民法院的司法解释，无民事行为能力人、限制民事行为能力人接受奖励、赠予、报酬，他人不得以行为人无民事行为能力、限制民事行为为由，主张以上行为无效。

因此，无民事行为能力人或者限制民事行为能力人所从事的纯获利的行为具有法律效力。

由此可见，未成年人因买彩票或其他行为而中奖，是有权接受奖金的，但是如果中奖的数额较大，应该由其法定代理人来办理相关的领奖手续。

第十章　未成年人的劳动与社会保障权益

一、未成年人是否可以进入劳动力市场？

为了保护少年儿童的身心健康，促进义务教育，国家规定不能招用童工。未成年人不能进入劳动力市场。

《未成年人保护法》第三十八条规定："任何组织或者个人不得招用未满十六周岁的未成年人，国家另有规定的除外。""任何组织或者个人按照国家有关规定招用已满十六周岁未满十八周岁的未成年人的，应当执行国家在工种、劳动时间、劳动强度和保护措施等方面的规定，不得安排其从事过重、有毒、有害等危害未成年人身心健康的劳动或者危险作业。"

因此，用人单位或个人一律不得招用未满十六周岁的未成年人。对于需要招用已满十六周岁、未满十八周岁的未成年人，则必须按照国家的有关规定招用。

《禁止使用童工规定》中规定，国家机关、社会团体、企业事业单位、民办非企业单位或者个体工商户均不得招用不满十六周岁的未成年人，即不得使用童工。禁止任何单位或者个人为不满十六周岁的未成年人介绍就业。禁止不满十六周岁的未成年人开业从事个体经营活动。

《劳动法》规定，禁止用人单位招用未满十六周岁的未成年人。

文艺、体育和特种工艺单位招用未满十六周岁的未成年人，必须依照国家有关规定，履行审批手续，并保障其接受义务教育的权利。

《禁止使用童工规定》还规定，学校、其他教育机构以及职业培训机构按照国家有关规定组织不满十六周岁的未成年人进行不影响其人身安全和身心健康的教育实践劳动、职业技能培训劳动，不属于使用童工。如学校组织小学生进行植树教育等活动。

二、未成年人可以参加工作吗？他们不得从事哪些劳动？

我国法律明确规定，禁止使用童工。依照国家《劳动法》的定义，童工是指未满十六周岁，与单位或者个人发生劳动关系从事有经济收入的劳动或者从事个体劳动的少年、儿童。而青少年工人是指超过上述定义的儿童但年龄不满十八周岁的工人。

任何组织和个人都不能招收未满十六周岁的未成年人做工，但有两个例外：第一，文艺、体育和特种工艺单位经县级以上劳动行政部门批准，可以招用未满十六周岁的文艺工作者、运动员和艺徒，但必须保证他们接受义务教育；第二，经济比较贫困的地区，还不具备实施初级中等教育的条件，未满十六周岁的未成年人可以从事一些有经济收入的辅助性劳动，但应受到严格的限制。

根据《未成年工特殊保护规定》第三条的规定，用人单位不得安排未成年工从事以下范围的劳动：

（一）《生产性粉尘作业危害程度分级》国家标准中第一级以上的接尘作业；

（二）《有毒作业分级》国家标准中第一级以上的有毒作业；

（三）《高处作业分级》国家标准中第二级以上的高处作业；

（四）《冷水作业分级》国家标准中第二级以上的冷水作业；

（五）《高温作业分级》国家标准中第三级以上的高温作业；

（六）《低温作业分级》国家标准中第三级以上的低温作业；

（七）《体力劳动强度分级》国家标准中第四级体力劳动强度的

作业；

（八）矿山井下及矿山地面采石作业；

（九）森林业中的伐木、流放及守林作业；

（十）工作场所接触放射性物质的作业；

（十一）有易燃易爆、化学性烧伤和热烧伤等危险性大的作业；

（十二）地质勘探和资源勘探的野外作业；

（十三）潜水、涵洞、涵道作业和海拔3 000米以上的高原作业（不包括世居高原者）；

（十四）连续负重每小时在6次以上并每次超过20公斤，间断负重每次超过25公斤的作业；

（十五）使用凿岩机、捣固机、气镐、气铲、铆钉机、电锤的作业；

（十六）工作中需要长时间保持低头、弯腰、上举、下蹲等强迫体位和动作频率每分钟在50次的流水线作业；

（十七）锅炉司炉。

三、父母可以允许不满16周岁的子女外出打工吗？

父母不可以让不满16周岁的子女外出打工。

改革开放以后，我国大量劳动力涌向城市打工，其中也有部分未成年人，尤其是经济欠发达地区的少年儿童。

从法律的角度来看，让正在接受义务教育的未成年人停止学业外出打工，这是违反有关规定的。

我们国家充分关注未成年人的健康成长，不仅对未成年人实施九年义务教育，让他们能充分地学习科学文化知识，不再像他们的祖辈那样存有大量的文盲现象，而且也严格要求社会各界禁止雇佣童工。

不满16周岁的未成年工都属于童工。根据我国《禁止使用童工规定》第二条的规定，国家机关、社会团体、企业事业单位、民办非企业单位或者个体工商户均不得招用不满16周岁的未成年人。

不满16周岁的未成年人一般还没有接受完义务教育，参加工作会妨碍其学习。而且未成年人生理、心理都没有成熟，过早参加工作也极有可能对其健康成长造成危害。

父母或者其他监护人有义务保护未成年人的身心健康，保障其接受义务教育的权利，不允许未满16周岁的未成年人停止学业外出打工，不允许不满16周岁的未成年人被用人单位非法招用。

根据《禁止使用童工规定》第三条的规定，如果父母允许不满16周岁的未成年人被用人单位非法招用，所在地的乡（镇）人民政府、城市街道办事处以及村民委员会、居民委员会应当给予批评教育。

四、非法使用童工的，应该承担什么责任？

我国法律规定，个人或者单位非法使用童工的，应该承担法律责任。

根据《禁止使用童工规定》第四条及第六条的规定，用人单位招用人员时，必须核查被招用人员的身份证。对不满16周岁的未成年人，一律不得录用。用人单位录用人员的录用登记、核查材料应当妥善保管。个人或单位非法使用童工的，不管该童工与雇主是否具有亲戚关系或其他特殊关系，都是违法行为，由劳动保障部门予以罚款，每使用1名童工每月处5 000元罚款。

用人单位应当将童工送回原居住地交其父母或者其他监护人，并承担全部交通和食宿费用。

用人单位使用童工，经劳动保障行政部门依照前款规定责令限期改正，逾期仍不将童工送交其父母或者其他监护人的，从责令限期改正之日起，由劳动保障行政部门按照每使用1名童工每月处1万元罚款的标准处罚，并由工商行政管理部门吊销其营业执照或者由民政部门撤销其民办非企业单位登记。

用人单位是国家机关、事业单位的，由有关单位依法对直接负责的主管人员和其他直接责任人员给予降级或者撤职的行政处分或者纪律处分。

五、用人单位需要满足哪些条件才可以招用未满十六周岁的未成年人？

《禁止使用童工规定》规定，国家机关、社会团体、企业事业单位、民办非企业单位或者个体工商户均不得招用不满十六周岁的未成年人，即不得使用童工。禁止任何单位或者个人为不满十六周岁的未成年人介绍就业。禁止不满十六周岁的未成年人开业从事个体经营活动。

那么，哪些单位具备什么条件才可以招用未满十六周岁的未成年人呢？根据国家规定，文艺、体育等特艺工种单位可以招用未满16周岁的未成年人，但必须满足以下条件。

1．《劳动法》规定，文艺、体育和特种工艺单位需要招用未满十六周岁的未成年人，必须依照国家有关规定，履行审批手续，并保障其接受义务教育的权利。

按照1992年劳动部《关于界定文艺工作者、运动员、艺徒概念的通知》的规定，文艺工作者系指专门从事表演艺术工作的人员；运动员系指专门从事某项体育运动训练和参加比赛的人员；艺徒系指在杂技、戏曲以及工艺美术等领域从师学艺的人员。

2．《禁止使用童工规定》还规定，文艺、体育单位招用不满十六周岁的专业文艺工作者、运动员，须经未成年人的父母或者其他监护人同意。

《禁止使用童工规定》还规定，学校、其他教育机构以及职业培训机构按照国家有关规定组织不满十六周岁的未成年人进行不影响其人身安全和身心健康的教育实践劳动、职业技能培训劳动，不属于使用童工。如学校组织小学生进行植树教育或者其他社会实践活动。

六、未成年人在劳动中伤残应该如何维权？

未成年人在劳动中伤残，其监护人应该向法院起诉请求赔偿。

《禁止使用童工规定》第十一条规定：“违反本规定使用童工

的单位或者个人，对被送回原居住地之前患病或者伤残的童工应当负责治疗，并承担治疗期间的全部医疗和生活费用。医疗终结，由县级劳动鉴定委员会确定其伤残程度，由使用童工的单位或者个人根据其伤残程度发给童工本人致残抚恤费。童工死亡的，使用童工的单位或者个人应当发给童工父母或者其他监护人丧葬补助费，并给予经济赔偿。”

《工伤保险条例》第六十三条规定：“用人单位使用童工造成童工伤残、死亡的，由该单位向童工或者童工的直系亲属给予一次性赔偿，赔偿标准不得低于本条例规定的工伤保险待遇。”

案例　钱少鹏初中二年级没有读完就辍学回家，随同其叔叔到北京找某化纤棉有限公司当厂长的张某，准备到该厂打工。

当天下午，厂长张某对钱少鹏进行了简单的交代后，钱少鹏就开始了工作。一天下午，疲惫的钱少鹏正往机器里送料时，左臂不慎被绞入机器内。公司领导得知钱少鹏出事后，立即将钱少鹏送往附近的医院，医生查看病情后告知，需要紧急手术，得赶紧去大医院。他们立刻赶到北京某大医院，经诊断为左上肢挫灭伤，血管神经损伤，皮肤剥脱伤、多处骨折，需截肢手术。2小时后手术结束，钱少鹏的左臂被截肢。

钱少鹏父亲正式向北京某法律援助中心提出法律援助申请，中心当即决定为童工钱少鹏提供法律援助。

法院经审理后做出判决：北京某化纤棉有限公司应当向钱少鹏给予一次性赔偿金。

七、未成年工被单位安排从事重体力劳动应该怎样维权？

未成年工被单位安排从事重体力劳动，情节轻微的，可以申请劳动仲裁部门调解，重新安排工作；情节严重的，可以向法院起诉。

《劳动法》第六十四条规定：“不得安排未成年工从事矿山井

下、有毒有害、国家规定的第四级体力劳动强度的劳动和其他禁忌从事的劳动。”

《未成年人保护法》第三十八条规定：“任何组织和个人依照国家有关规定招收已满十六周岁未满十八周岁的未成年人的，应当在工种、劳动时间、劳动强度和保护措施等方面执行国家有关规定，不得安排其从事过重、有毒、有害等危害未成年人身心健康的劳动或者危险作业。”

案例 已经17周岁的薛某因为没有考上高中，也没有被职业中学录取，只好到当地的一家矿业有限公司打工。该矿业有限公司和他签订了3年的劳动合同。开始，公司安排他在矿办公室当办事员，从事日常服务工作。

工作了半年之后，公司的效益下降，为了精简机构，压缩非生产部门工作人员，公司安排薛某下井到采掘面工作，薛某当即拒绝，并说明自己作为未成年人，不应从事井下采掘工作。公司又安排他到锅炉房干司炉工作，也被薛某拒绝。公司决定辞退薛某，用以警示其他职工，并向薛某送达了辞退通知书。

薛某对公司的辞退不服，向当地劳动争议仲裁委员会提出申诉，要求公司撤销对他的辞退决定，继续安排其从事未成年工能够从事的工作。

仲裁委员会依照法律法规的规定对双方当事人进行了调解，最终达成了调解协议，矿业有限公司收回了辞退决定，继续安排薛某从事办公室办事员的工作。

八、未成年工被单位安排从事有毒有害危险工作应该如何维权？

有毒有害或者危险工种是指对劳动者的身体健康和生理发育能够产生不利影响的工作岗位。由于未成年工正处于身体发育的生理时期，所以，国家对未成年工采取特殊的劳动保护措施，通过法律法规对此做了明确规定。用人单位不能违反规定安排未成年工从事有毒有害作业，不得安排未成年工从事危险作业。如果用人单位安排未成年工从事有毒有害或者危险作业，未成年工可以依据法律进行自我维权，找劳动保障部门要求调换工种；因从事有毒有害作业或者危险作业受到伤害的，可以向法院起诉，请求赔偿。

《未成年人保护法》第三十八条规定："任何组织和个人依照国家有关规定招收已满十六周岁未满十八周岁的未成年人的，应当在工种、劳动时间、劳动强度和保护措施等方面执行国家有关规定，不得安排其从事过重、有毒、有害的劳动或者危险作业。"

案例　17周岁的秦某，与某矿山有限公司签订了3年的劳动合同。经过一个月的培训，矿山有限公司为秦某安排的工作岗位是凿岩机手，参加矿山采掘面的开采工作。

秦某所在采掘面塌方，大量泥石从山顶塌落，秦某差点当场被埋在采掘面里。秦某因害怕再次发生类似事故而危及健康和生命，第二天由其父亲陪同到公司经理办公室，要求经理考虑调整一下秦某的工作，但被经理当场拒绝。

秦某和父亲一起，找到当地的劳动争议仲裁委员会，讲了自己的具体情况，要仲裁委员会帮助其调换工作岗位。仲裁委员会经过调查，了解到某矿山有限公司在使用未成年工方面确实存在着不符合法律法规规定的行为，应当依法给予纠正。

在仲裁委员会的调解下，某矿山有限公司和秦某达成了调解协议，安排秦某做机修工。

九、安排未成年工的工作岗位应该遵循什么原则？

劳动部《未成年工特殊保护规定》第三条对未成年工禁忌从事的劳动已经做出了十分明确的规定，比如《高温作业分级》国家标准中第三级以上的高温作业，《低温作业分级》国家标准中第三级以上的低温作业，《体力劳动强度分级》国家标准中第四级体力劳动强度的作业，锅炉司炉等。

未成年工受《未成年人保护法》、《劳动法》和《未成年工特殊保护规定》的保护，用人单位应当严格遵照执行，不得安排未成年工从事《未成年工特殊保护规定》中所规定的禁忌劳动范围内的劳动，这是用人单位在安排或者调换未成年工的工作时所应遵循的原则，如果违反这个原则，就要承担相应的法律责任。

案例 许某，17周岁，被某宾馆录用，双方签订了3年的劳动合同。3个月的劳动合同试用期满后，由于许某工作表现优秀，被分配到宾馆餐厅当库管员。一天，许某当班时，他的两位初中同学找他商量同学聚会的事，许某与两位同学在库房中闲谈时，其中一个同学不慎将装有高档白酒、高档洋酒的箱子碰翻，打碎白酒一箱、洋酒一箱，价值人民币5 000多元。

经理办公会对许某的问题进行了研究，做出了处理决定：将许某从库管员岗位调换到锅炉房工作，并扣发许某3个月的奖金。

许某向当地的劳动争议仲裁委员会提出仲裁申请，要求仲裁委员会让宾馆为其安排合适的工作。

仲裁委员会经过调查核实，认为许某所反映的情况属实，宾馆在使用未成年工方面确实存在着违法现象，应当依法纠正。

最后，在仲裁委员会的调解下，双方达成调解协议：宾馆将许某调离锅炉房，安排其他适宜的工作。

第十一章　未成年人的医疗权益

一、常见的儿科医疗事故与医患纠纷有哪些？

儿科临床范围，包括从新生儿、婴幼儿、学龄前儿童直到学龄期儿童的疾病诊治。儿科服务对象是低龄未成年人，它的特殊性决定了它的临床具有区别于成人临床的一些特点。儿童对疾病的防预机能差，中枢神经系统、肾功能和酶系统尚不健全，儿科急诊数量多、病情变化快，因此，必须不失时机地抢救、治疗。

现实生活中，常见的儿科医疗事故与纠纷有下列情况。

（一）用药失误造成医疗事故与纠纷。

（二）因用某些药物副作用而造成的医疗事故与纠纷。由于小儿对某些药物毒性作用的个体敏感性差异较大，即使在常规使用范围内，亦可能损害某些器官。

（三）诊疗技术操作失误的情况造成的医疗事故与纠纷。此类失误常因医生在操作中忽略了儿童生理解剖特点，不重视采取必要的安全措施，不注意和病儿合作，或经验不足、技术不熟练造成事故与纠纷。

（四）误诊、误治的情况造成的医疗事故与纠纷。此类病案常发生于儿科医师缺乏临床经验，对病儿病情容易突变、急剧恶化、本身的感知又不能主动明确地表达出来这一临床特点，重视不够或思想麻痹而造成判断错误。

（五）拒收推诿危重病儿造成的医疗事故与纠纷。由于个别医务人员缺乏救死扶伤的人道主义精神，拒收推诿病儿的现象依然存在，由此引起医疗事故与纠纷。

二、未成年人出现医疗事故应该如何维权？

医疗事故发生后怎么办？未成年人如何维权？根据相关法律规定，发生了医疗事故，患者及患者家属有三种途径解决纠纷，维护自身的合法权益，即协商解决、行政调解和司法诉讼。

（一）协商解决。《医疗事故处理条例》第四十六条规定：“发生医疗事故的赔偿等民事责任争议，医患双方可以协商解决；不愿意协商或者协商不成的，当事人可以向卫生行政部门提出调解申请，也可以直接向人民法院提起民事诉讼。”

（二）行政调解。所谓医疗事故的行政调解，是指由国家卫生行政部门出面主持的，依据法律、法规及规章，以自愿为原则，通过说服教育等方法，促使双方当事人平等协商，互让互谅，达成协议，消除医疗事故纠纷的方式。

（三）司法诉讼。如果双方既不愿协商解决，也不同意由卫生行政部门来调解，或者对行政调解结果不服的，也可以直接向人民法院提起民事诉讼。

案例 1995年6月10日，年仅2岁的朱某因轻微咳嗽被带到乡卫生院就诊，医生肖某某未书写病历，诊断为感冒，开处方庆大霉素两支，当日注射一支，另一支未用，由朱某家长带回家。

此后，朱某便变得听力丧失，原有的简单语言也逐渐退化殆尽，后经数家医院诊断为药物性耳聋。

1996年3月26日，朱某所在区医疗事故技术鉴定委员会鉴定：本例不构成医疗事故。1997年3月26日该市医疗事故技术鉴定委员会鉴定：构成三级甲等医疗技术事故。

2000年6月1日朱某诉至区人民法院。市中级人民法院判决：卫生院、区卫生局连带赔偿朱某因医疗损害所受损失人民币367 667元。

三、医院病历未保管好或被修改，未成年人患者如何维权？

《医疗机构病历管理规定》第五条规定："医疗机构应当严格病历管理，严禁任何人涂改、伪造、隐匿、销毁、抢夺、窃取病历。"

对于患者的病历资料，医疗机构应当妥善保管，保护病历资料的原始状态，保证病历资料客观、真实、完整。

医疗机构和医务人员不得擅自涂改病历的文字、符号、图表、影像、切片，未经患者同意不得修改患者的病状、病史、过敏记录等，不得凭空伪造虚假病历替换原始病历，利用伪造的病历资料规避自己的责任。在患者提出查阅、复制病历资料时，医疗机构应当如实提供，明确交代，不得隐匿病历资料或者销毁病历资料，要采取适当措施防止患者病历资料被抢夺、被窃取。

病历是具有法律效力的医疗文件，在进行医疗事故鉴定的过程中起着决定作用，同时也是法官据以判案的重要根据，是诉讼能否取胜的关键。

案例　2006年5月7日，某校学生王某因"呼吸衰竭、痰窒息、坠积性肺炎"而死亡。患者家人认为，王某之死是因为医院长期滥用抗菌素，恶意性救治而导致的，于是把医院告上法院，要求赔偿医疗费、死亡赔偿金等83万余元。

医院方面称，王某的死亡系病情的自然发展，医院的治疗不存在任何过错，并向法院提出医疗事故鉴定申请。但王某家人拒绝鉴定，理由是病历没有按规定封存好，病历有问题。

法院在医院提交的这份病历资料中，发现了多处记载错误，如患者的姓名、年龄、抢救时间，并且发现一张心电图单有涂改痕迹。法院最终认为，由于医院未封存病历，导致病历被涂改等原因，导致医疗事故鉴定不能正常进行，故医院应承担主要责任。最后，法院判决该医院赔偿患者家属医疗费、死亡赔偿金、精神损失费等36万余元。

四、未成年人患者因医生医疗过失造成伤害应该怎样维权？

什么是医疗过失？医疗过失是指医务人员应当预见自己的行为可能导致患者出现不良后果或危害，因为疏忽大意而没有预见，或者已经预见但由于过于自信或抱有侥幸心理能够避免，造成了不良后果或者危害。医疗过失可以分为过于自信的过失和疏忽大意的过失两种。过于自信的过失，是指医务人员已经预见到自己的行为可能导致患者出现不良后果，但轻信能够避免，以致发生了不愿看到的结果。疏忽大意的过失，是指医务人员应当预见到自己的行为可能导致患者出现不良后果，因为疏忽大意而没有预见，以致发生了不良后果或危害。从一定意义上说，医疗事故是医疗过失的表现形式之一，医疗过失的后果达到了一定程度便是医疗事故。医疗过失给患者造成人身或财产损害的，应当承担相应的赔偿责任。

案例 2007年2月20日上午6时许，未成年人袁某被狗咬伤，送往当地镇卫生防疫站后，于当天上午10时转到某疾病预防控制中心接受注射狂犬免疫球蛋白，之后，袁某被医生注射狂犬疫苗。

2007年4月12日袁某狂犬病发，4月16日死亡。袁某的父母将某疾病预防控制中心告上法院。

原告认为，袁某到某疾病预防控制中心就医时，被告应当对其伤口给予清洗，而且应在患者的伤口周围注射，被告并没有如此进行操作，其行为有过错，应承担民事赔偿责任。

被告认为，袁某是因狂犬病发病死亡的，与被告的行为不存在因果关系，被告不是医疗单位，没有义务为伤者清洗伤口。

法院最后审理认为：接诊方对伤口未进行进一步清创处理，狂犬疫苗注射部位欠妥，不排除该行为对患者是否发病和死亡有间接原因，因此被告存在一定过错，应承担适当赔偿责任。故判决某疾病预防控制中心赔偿原告因儿子袁某死亡而造成的各项损失的40%，共计近7万元。

五、婴儿出生时被产钳损伤，医院是否要承担责任？

作为患者，花钱去医院看病，医院为患者提供有偿医疗服务，这实际上是特殊的消费与经营行为。产妇到医院分娩，已经构成消费者、经营者的特定关系，理应遵守《消费者权益保护法》的有关规定。婴儿在出生时受到伤害，医院应当承担赔偿责任。

《医疗事故处理办法》第二条明确规定，“本办法所称医疗事故，是指在诊疗护理工作中，因医务人员诊疗护理过失，直接造成病员死亡、残废、组织器官损伤导致功能障碍的。”

《未成年人保护法》第四十七条规定：“侵害未成年人的合法权益，对其造成财产损失或者其他损失、损害的，应当依法赔偿或者承担其他民事责任。”

案例　李某，男，2002年9月13日出生。李某之母王艳（化名）分娩李某时22岁，其怀孕后一直由当地卫生院医生杨某负责做产前检查，医生姚某负责给王艳做B超检查，孕妇及胎儿均正常。

2002年9月13日凌晨1时许，王艳自感即将临产而住进乡卫生院，接生医生仍以杨某为主，另有该院医生王某协助为王艳接生。经杨某检查后，其仍称一切正常。9月13日早晨8时许，再次做B超检查，杨某才告诉家属说胎儿身体较大，头部也较大。

13日晚7时，杨某走出产房，对王艳家属说：“她难产，需要下产钳。”家属提出异议，杨某仍固执地说：“如果你们不同意用产钳，产妇和孩子都有生命危险。我保证用产钳生出孩子健康正常。”然后，杨某在并未征得家属同意，也未履行家属同意用产钳手续的情况下，于当晚8时15分左右强行用产钳将李某夹出。

李某被强行用产钳夹出后，周身青紫、严重窒息，无呼吸，不啼哭。此时，杨某手忙脚乱地进行所谓抢救，但已无济于事。在家属们的强烈要求下，当场找来该院领导，要求立即转到市儿童医院抢救。该院领导责令杨某写了一张“婴儿情况介绍”，家属立即租车急奔市儿童医院抢救。

到达儿童医院时已是2002年9月14日凌晨零点10分左右，经市儿童医院紧急抢救并诊断为：(1)新生儿缺血缺氧性脑病（中至重度）；(2)新生儿颅内出血；(3)产伤（帽状腱膜下血肿）；(4)吸入性肺炎；(5)失血性贫血。在儿童医院住院抢救后，李某于2002年9月18日出院回家继续治疗、疗养。直到2003年9月李某一周岁时，李某父母才发现孩子受伤非常严重，不能站立、不能端坐，手不能握拳、不能抓物，更不能自己进食，不会说话。

2004年8月12日，县医学会医疗事故鉴定委员会做出分析意见和鉴定结论："小孩左前额及右枕部可见产钳损伤痕迹，推测产钳位置放置不准确，构成医疗事故，属于二级丁等医疗事故，医方承担主要责任。"

根据市医学会的鉴定书，由县卫生局医疗事故调解办公室主持调解，李某与医院之间达成调解协议，即由卫生院一次性赔偿李某各项损失和继续治疗费人民币295 000元；因医院经费困难同意分期给付。

六、婴儿在产房被错抱，医院应该承担什么责任？

在医院里孩子被错抱，这是护理过程中的一个事故，不同于医疗事故，但给婴儿的父母造成的损害，医院应该承担赔偿责任。

错抱孩子虽然不属于医疗事故，但孩子是家庭的希望，每个家庭都对孩子倾注了心血。孩子被错抱了，他们所精心准备的一切并没有给予他们自己的亲生骨肉。而且，当两个家庭把错抱的孩子当作自己的孩子养育许久之后，已经与孩子建立了难分难舍的感情，交换养育过的孩子，再与陌生的亲骨肉相处，这会给双方父母和孩子造成极大的精神伤害。虽然这种伤害是金钱无法真正弥补的，但医院还是应支付一定数额的赔偿金进行抚慰。

案例 王某的妻子在某医院妇产科生下了一个白白胖胖的男孩，夫妻两个沉浸在无比的喜悦中。产后的第三天，孩子被护士抱出去洗澡，在送回来的时候，细心的母亲发现孩子的脸色发黄、耳朵厚黑，就问给小孩换尿布的护士是不是抱错了孩子。护士回答："不会的，我们天天给小孩洗澡，怎么会错呢？孩子刚出生不久，模样都差不多。"王某的妻子也就没再说什么。

两个月后，孩子患了支气管炎，被送到医院急诊。在进行血型化验时，孩子的母亲惊奇地发现"儿子"的血型既不是母亲的"B"型，也不是父亲的"O"型，而是"AB"型，这根本不符合遗传学规律。王某夫妇立即进行亲子鉴定，公安部门的DNA检验结论证实孩子的确不是他们的亲生儿子。

王某夫妇向人民法院提起诉讼，要求医院为其找回亲生儿子，并赔偿误工费、精神损失费等费用。

经过法院耐心做工作，后来两对夫妇和两个孩子做了交叉亲子鉴定，证实孩子确实被抱错了。法院最终判决医院分别一次性赔偿王某夫妇和另一对夫妇误工费和精神损害抚慰金，两家交换各自抚养的孩子。

七、儿童免疫接种要不要缴费？医院收取接种费应该如何维权？

儿童的免疫接种关系到下一代的健康和国家大计，是基本民生问题。通常情况下，儿童的免疫接种是不要缴费的。如果医院强行收取接种费，未成年人的监护人可以向卫生行政部门反映情况，要求返还，或者向司法部门起诉。

《中华人民共和国传染病防治法》第十五条明确规定："国家实行有计划的预防接种制度。国务院卫生行政部门和省、自治区、直辖市人民政府卫生行政部门，根据传染病预防、控制的需要，制定传染病预防接种规划并组织实施。用于预防接种的疫苗必须符合国家质量标准。国家对儿童实行预防接种制度。国家免疫规划项目的预防接种实行免费。医疗机构、疾病预防控制机构与儿童监护人应当相互配合，保证儿童及时接受预防接种。具体办法由国务院制定。"

国家实行有计划的预防接种制度。国家对儿童实行预防接种证制度。国家免疫规划将疫苗分为第一类疫苗和第二类疫苗，第一类疫苗接种由政府免费提供，第二类疫苗由公民自费并且自愿受种；国家实行有计划的预防接种制度，公民应当依照政府的规定受种第一类疫苗，这既是公民的权利也是公民的义务；第二类疫苗由受种者或儿童家长自主、自愿选择接种。

案例 儿童王某在镇卫生院接种流脑疫苗，镇卫生院向王某母亲收取疫苗药品费。

事后，王某母亲在与其他儿童家长聊天过程中发现，同样接种流脑疫苗，他人并未缴费。于是，王某母亲向当地卫生行政部门投诉。

当地卫生行政部门接到举报后调查属实，责令镇卫生院退还收取的疫苗药品费，并予以行政处罚。

八、未成年人患者是否享有自己的病情及医疗活动的知情权？

根据法律规定，无论是成人或者未成年人患者，都享有知情权。

所谓知情权，是指患者有如实知道为其诊断、治疗人员的基本情况和开展各类医疗活动的内容、步骤及结果的权利。具体而言，首先患者对自己的病况有知情权，有权利从医生处获知有关自己的病情、医生为患者制订的治疗计划以及预后情形。其次患者有权知道处方药物的名称，以及该药物在通常情况下的治疗作用及有可能产生的副作用和正确的用法、用量。最后患者有权获知有关自己病情及治疗方面的病历资料和医疗护理服务项目、药品的收费标准等。

对于尚未成人的未成年人，其监护人有权代理行使知情权。

对于无民事行为能力和限制民事行为能力的未成年人，我国《民法通则》第十四条规定：“无民事行为能力人、限制民事行为能力人的监护人是他的法定代理人。”

根据上述法律规定，为保护无民事行为能力和限制民事行为能力的未成年人享有知情同意权，医疗机构或医务人员应向其法定代理人介绍有关情况，征求意见。

案例　小薇，女，17岁，高中学生。9月8日上午在全麻下行左侧脑膜瘤切除术。术后第三天，小薇出现高热症状，医院诊断为颅内感染。术后约半月，小薇病情恶化，急转解放军某医院，经过两个多月的治疗，肝肾功能损害得以治愈，但双下肢截瘫，大小便失禁无任何恢复。在解放军某医院住院期间，经过检查，发现小薇的脑室管膜瘤只做了部分切除，而非某总医院病历上记载的“全切除”。患者本人及家属对此情毫无所知。

2003年9月，区人民法院判决被告医院对原告的损害后果承担全部责任。共赔偿医疗费、护理费、残疾生活补助费、精神损害慰抚金、残疾用具费共计604 886元。

九、医疗设备出现故障给未成年人造成伤害应该如何维权？

根据有关规定，医院医疗设备出现问题，既可以依据患者与医院之间建立的医疗服务合同提起诉讼，向医院索赔，也可根据产品质量法的规定要求医疗设备的生产厂家承担损害赔偿责任。最终选择医院承担赔偿责任，还是选择生产厂家赔偿责任，这是法律赋予原告的选择权，原告可自主做出决定。

《中华人民共和国产品质量法》（以下简称《产品质量法》）第四十三条规定：“因产品存在缺陷造成人身、他人财产损害的，受害人可以向产品的生产者要求赔偿，也可以向产品的销售者要求赔偿。属于产品的生产者的责任，产品的销售者赔偿的，产品的销售者有权向产品的生产者追偿。属于产品的销售者的责任，产品的生产者赔偿的，产品的生产者有权向产品的销售者追偿。”

案例　黎某，男，11岁，因腹部疼痛，由其父母陪同前往A市人民医院急诊室就诊。急诊室大夫检查后认为，黎某患急性胰腺炎（水肿型）、胆囊结石，建议黎某到肝胆外科接受治疗。

6月18日凌晨1点，黎某使用的呼吸机出现故障，不能正常支持呼吸。由于值班护士擅离岗位，未按照一级护理要求和医嘱的要求每30分钟巡查病人，直至早晨8点，前来查房的主治医生才发现呼吸机出现故障。由于耽误时间太久，在此后的半个小时之内，黎某的心率逐渐降低，虽经医院抢救，但终因抢救无效死亡。

黎某死亡后，黎某的父母同医院交涉，认为医院护士严重不负责任；不按照医院的要求巡查病人；同时医院没有提供符合使用条件的呼吸机供病人使用，医院存在过错，并要求医院承担全部赔偿责任，支付赔偿金30万余元。

A市人民法院认定医院存在主观过错，应对损害后果的发生承担全部责任。据此，法院判决医院向原告赔偿23万余元。

第十二章　未成年人的消费权利

一、未成年人能否成为消费者？有没有消费权利？

消费者没有年龄限制，只要为了生活消费的目的从事消费行为，未成年人也可以成为消费者，具有消费权利。

我国《民法通则》规定，公民自出生时起至死亡时止具有民事权利能力。公民的民事权利能力一律平等。所谓民事权利能力，即公民依法享有权利、承担义务的能力。也就是说，不分年龄差别、不分性别差别、不分职业状况差别等，消费者都应当平等地享有《消费者权益保护法》规定的权利、平等地履行其所规定的义务。

由此可见，消费者没有年龄限制，只要是以生活消费为目的购买、使用商品或接受服务的社会成员，即使是未成年人，也属于《消费者权益保护法》中的消费者，受到法律的保护。

《民法通则》又将民事主体能力以自己的行为取得民事权利、承担民事义务的资格划分为：完全民事行为能力人、限制民事行为能力人和无民事行为能力人。

《民法通则》第九条规定："公民从出生时起到死亡时止，具有民事权利能力，依法享有民事权利，承担民事义务。"

《民法通则》第十条规定："公民的民事权利能力一律平等。"

《民法通则》第十二条规定："十周岁以上的未成年人是限制民事行为能力人，可以进行与他的年龄、智力相适应的民事活动；其他民事活动由他的法定代理人代理，或者征得他的法定代理人同意。不满十周岁的未成年人是无民事行为能力人，由他的法定代理人代理民事活动。”

二、商家可以将烟酒卖给未成年人吗？

众所周知，未成年人是不能吸烟、喝酒的。未成年人吸烟、喝酒有害身体健康。向未成年人出售烟酒是违法行为。因此，商家不能将烟酒卖给未成年人，否则将要受到处罚。

《未成年人保护法》第三十七条规定：“禁止向未成年人出售烟酒，经营者应当在显著位置设置不向未成年人出售烟酒的标志；对难以判明是否已成年的，应当要求其出示身份证件。”

吸烟、酗酒不仅有害于未成年人的身体健康，而且对他们的心理健康也会产生不利影响，甚至诱发违法犯罪。因此，为了预防未成年人出现吸烟、酗酒的不良行为，《未成年人保护法》一方面在“家庭保护”中规定父母或者其他监护人应当预防和制止未成年人吸烟、酗酒、流浪、沉迷网络以及赌博、吸毒、卖淫等行为；另一方面从社会保护的角度规定禁止向未成年人出售烟酒，经营者应当在显著位置设置不向未成年人出售烟酒的标志。

任何人不得在中小学校、幼儿园、托儿所的教室、寝室、活动室和其他未成年人集中活动的场所吸烟、饮酒。

对于违反这一规定的经营者，由主管部门责令改正，并给予行政处罚。具体的处罚方式，根据2005年颁布的部门规章《酒类流通管理办法》第三十条规定，由商务主管部门或会同有关部门予以警告，责令改正；情节严重的，处2 000元以下罚款。

对于向未成年人出售香烟或没有相关标志的，由烟草经营的主管部门——烟草专卖部门责令改正，依法给予行政处罚，但是关于行政处罚的方式和程度还没有具体的规定。

三、商家是否可以让未成年人进网吧和营业性歌厅、舞厅等场所消费？法律有什么规定吗？

商家不应该让未成年人进网吧和营业性歌厅、舞厅等场所消费。未成年人因为缺少必要的自控能力以及辨别是非的能力，在网吧、歌厅、舞厅等娱乐性场所中，容易沉迷其中、无法自拔，不仅影响学业，而且也容易走上犯罪的道路。所以，网吧、营业性舞厅等场所不得向未成年人开放。

我国《未成年人保护法》第三十三条规定："国家有义务采取措施，预防未成年人沉迷网络。国家鼓励研究开发有利于未成年人健康成长的网络产品，推广用于阻止未成年人沉迷网络的新技术。"

中小学校周边不得设置营业性歌舞娱乐场所、互联网上网服务营业场所等不适宜未成年人活动的场所。营业性歌舞娱乐场所、互联网上网服务营业场所等不适宜未成年人活动的场所，不得允许未成年人进入，经营者应当在显著位置设置未成年人禁入标志；对难以判明是否已成年的，应当要求其出示身份证件。

如果在中小学校园周边设置营业性歌舞娱乐场所、互联网上网服务营业场所等不适宜未成年人活动的场所的，由该场所的主管部门予以关闭，依法给予行政处罚。营业性歌舞娱乐场所、互联网上网服务营业场所等不适宜未成年人活动的场所允许未成年人进入，或者没有在显著位置设置未成年人禁入标志的，由主管部门责令改正，依法给予行政处罚。

《预防未成年人犯罪法》第三十三条还规定："营业性歌舞厅以及其他未成年人不适宜进入的场所，应当设置明显的未成年人禁止进入标志，不得允许未成年人进入。营业性电子游戏场所在国家法定节假日外，不得允许未成年人进入，并应当设置明显的未成年人禁止进入标志。对于难以判明是否已成年的，上述场所的工作人员可以要求其出示身份证件。"

四、商家将含有淫秽、暴力等内容的图书或音像制品卖给未成年人是否要负法律责任？应该负什么样的法律责任？

商家不能将含有淫秽、暴力等内容的图书或者音像制品卖给未成年人，如果商家为了牟取利益而将那些对未成年人有害的商品卖给未成年人，肯定是要负法律责任的。

根据我国《未成年人保护法》、《预防未成年人犯罪法》和《刑法》等的规定，禁止任何组织、个人制作或者向未成年人出售、出租或者以其他方式传播淫秽、暴力、凶杀、恐怖、赌博等毒害未成年人的图书、报刊、音像制品、电子出版物以及网络信息等。向未成年人出售或出租含有淫秽、暴力等图书或音像制品、电子出版物以及网络信息等的，一般情况下要承担行政责任。由出版行政部门没收出版物和违法所得，并责令停业整顿或者吊销许可证。

向未成年人出售或出租含有淫秽、暴力等图书或者音像制品，情节严重的，应当按照我国《刑法》第三百六十三条和第三百六十四条的“制作、贩卖、传播淫秽物品罪”处以刑罚。传播淫秽的书刊、影片、音像、图片或者其他淫秽物品，情节严重的，处两年以下有期徒刑、拘役或者管制。组织播放淫秽的电影、录像等音像制品的，处3年以下有期徒刑、拘役或者管制，并处罚金；情节严重的，处3年以上、10年以下有期徒刑，并处罚金。向不满18周岁的未成年人传播淫秽物品的，从重处罚。

为了保护未成年人的身心健康，最高人民法院、最高人民检察院联合发布《关于办理利用互联网、移动通信终端、声讯台制作、复制、出版、贩卖、传播淫秽电子信息刑事案件具体应用法律若干问题的解释（二）》已经于2010年2月4日正式生效。除了理清网站建立者、管理者、电信业务经营者等各方在制作、复制、出版、贩卖、传播淫秽电子信息犯罪中应承担的法律责任外，还对传播内容涉及14周岁以下未成年人的淫秽信息予以从重打击。

五、未成年人自己购买的东西，父母可否找商家退货？

未成年人自己在外购物，作为父母可否要求商家退货，需要根据具体情形判断。

如果未成年人是限制民事行为能力人，例如10周岁以上的未成年人，他们购买物品的效力，则要根据该物品的价值，以及该购买行为是否与其年龄、智力、精神健康状况相一致来综合判断。

限制民事行为能力人购买与其年龄、智力、精神健康状况明显不一致的物品，应当征得其法定代理人，如父母的同意。比如，一个11岁的小孩儿购买一块数万元的劳力士手表，应当得到父母的确认。如果该手表的购买事先并未经得父母同意，那么，父母可以要求退货。但如果该限制民事行为能力人购买的物品是学习用品、玩具、零食之类的与其年龄、智力、精神健康状况相适应的物品，其购买行为有效。如果父母想要退货，必须具有合法的正当理由。

《民法通则》第十一条规定："十八周岁以上的公民是成年人，具有完全民事行为能力，可以独立进行民事活动，是完全民事行为能力人。十六周岁以上不满十八周岁的公民，以自己的劳动收入为主要生活来源的，视为完全民事行为能力人。"

《民法通则》第十二条规定："十周岁以上的未成年人是限制民事行为能力人，可以进行与他的年龄、智力相适应的民事活动；其他民事活动由他的法定代理人代理，或者征得他的法定代理人的同意。不满十周岁的未成年人是无民事行为能力人，由他的法定代理人代理民事活动。"

《民法通则》第十三条规定："不能辨认自己行为的精神病人是无民事行为能力人，由他的法定代理人代理民事活动。不能完全辨认自己行为的精神病人是限制民事行为能力人，可以进行与他的精神健康状况相适应的民事活动；其他民事活动由他的法定代理人代理，或者征得他的法定代理人的同意。"

六、婴儿被劣质奶粉所害，应该如何维权？

婴儿被劣质奶粉所害，婴儿的监护人可以依法向有关部门投诉或者向法院起诉，要求赔偿损失。

《民法通则》第一百二十二条规定：“因产品质量不合格造成他人财产、人身损害的，产品制造者、销售者应当依法承担民事责任。运输者、仓储者对此负有责任的，产品制造者、销售者有权要求赔偿损失。”

《消费者权益保护法》第三十九条规定：“消费者和经营者发生消费者权益争议的，可以通过下列途径解决：（一）与经营者协商和解；（二）请求消费者协会或者依法成立的其他调解组织调解；（三）向有关行政部门投诉；（四）根据与经营者达成的仲裁协议提请仲裁机构仲裁；（五）向人民法院提起诉讼。”

消费者在购买、使用商品时，其合法权益受到损害的，可以向销售者要求赔偿。消费者或者其他受害人因商品缺陷造成人身、财产损害的，可以向销售者要求赔偿，也可以向生产者要求赔偿。属于生产者责任的，销售者赔偿后有权向生产者追偿。属于销售者责任的，生产者赔偿后，有权向销售者追偿。

案例 2004年5月份，河南巩义的姜志欣夫妇向某律师事务所反映：2003年10月他们的女儿姜晨雨出生后，因母乳不足，购买了巩义三乐批发部卖的某乳品有限公司生产的婴儿奶粉喂养女儿，2004年4月3日发现女儿全身浮肿，4月9日到巩义市人民医院检查，检查结果为：重度营养不足，低蛋白血症，中度小细胞低色素贫血。

该某律师事务所决定为他们代理维权，诉讼请求被告赔偿医疗费、护理费、交通费精神损害等6.7万元。

在法院的调解下，双方达成协议：由被告一次性赔偿原告2.8万元，包括医疗费、交通费、护理费、精神损失费等在内。

七、未成年人玩鞭炮炸伤手应该怎样维权？

未成年人玩鞭炮炸伤手，一是要看鞭炮是否符合质量要求，是不是合格产品；二是要看未成年人的监护人是否尽到监护责任。

如果产品质量合格，未成年人的监护人未尽到监护责任，燃放鞭炮未按照产品说明及要求进行，所造成的损失则由监护人负责。如果是产品质量问题造成伤害，监护人可以投诉或者起诉。

《产品质量法》第三十一条规定："生产者不得伪造或者冒用认证标志等质量标志。"

《产品质量法》第三十二条规定："生产者生产产品，不得掺杂、掺假，不得以假充真、以次充好，不得以不合格产品冒充合格产品。"

《消费者权益保护法》第四十一条规定："经营者提供商品或者服务，造成消费者或者其他受害人人身伤害的，应当支付医疗费、治疗期间的护理费、因误工减少的收入等费用，造成残疾的，还应当支付残疾者生活自助费、生活补助费、残疾赔偿金以及由其扶养的人所必需的生活费等费用；构成犯罪的，依法追究刑事责任。"

案例 农历正月初一那天，13岁的肖某上街游玩，从邱某的杂货店购买了5个无商标、无厂家、无警示标志、无产品合格证的鞭炮。当肖某燃放此鞭炮时，点燃第二个的瞬间，肖某来不及向外扔出，鞭炮便在手中爆炸。肖某的左手当场被炸伤，五指残缺，裸露掌骨、肌腱，经他人送到医院抢救治疗，肖某的左手掌被锯掉，住院15天，医疗费2708元。

肖某的监护人要求销售者邱某赔偿医疗费、护理费、残疾生活补助费、精神损害费等计8万元。经消费者协会主持调解未果，肖某的监护人向人民法院提起诉讼，要求赔偿损失。

经人民法院法医鉴定认为，肖某左手自腕部损失，构成五级伤残。经法院调查，判令销售者和生产者承担连带赔偿责任，共同赔偿。

八、未成年人在游乐场所受伤应该怎样维权？

未成年人在游乐场所受到人身损伤，游乐场所应负全部的损害赔偿责任。

《消费者权益保护法》第十八条规定："经营者应当保证其提供的商品或者服务符合保障人身、财产安全的要求。对可能危及人身、财产安全的商品和服务，应当向消费者作出真实的说明和明确的警示，并说明和标明正确使用商品或者接受服务的方法以及防止危害发生的方法。宾馆、商场、餐馆、银行、机场、车站、港口、影剧院等经营场所的经营者，应当对消费者尽到安全保障义务。"

《最高人民法院关于审理人身损害赔偿案件适用法律若干问题的解释》中有规定，从事住宿、餐饮、娱乐等经营活动或者其他社会活动的自然人、法人、其他组织，未尽合理限度范围内的安全保障义务致使他人遭受人身损害，赔偿权利人请求其承担相应赔偿责任的，人民法院应予支持。因第三人侵权导致损害结果发生的，由实施侵权行为的第三人承担赔偿责任。安全保障义务人有过错的，应当在其能够防止或者制止损害的范围内承担相应的补充赔偿责任。安全保障义务人承担责任后，可以向第三人追偿。

案例　毕华，9岁，因学校离家较远，每天中午都在学校附近的快餐厅吃午饭。该餐厅内设有游乐园，供前来就餐的儿童游戏。

某日中午，毕华吃过饭后到游乐园内玩。在玩滑梯时，由于后面的小朋友推挤，摔倒在地。同班同学将其抬回家，父母当即将毕华送往医院就诊。经诊断为右腿骨折，住院治疗1个月。于是毕华父母向人民法院提起诉讼，要求快餐厅承担赔偿责任。

法院经过调查认为，快餐厅设立游乐场所招徕生意，但是因为没有专人看管，导致小孩受伤，负有责任。

同时，毕华的父母作为监护人，也没有尽到监护责任，所以也应该负有一定责任。

九、未成年人在饭店就餐时被烫伤，饭店应负什么责任？

饭店的服务人员面对无民事行为能力的儿童来就餐时，应当更加小心自己的服务和操作行为，并注意观察离开餐桌活动的儿童的动向，防止危险的发生。如果服务人员在未小心操作和密切观察的情况下造成损害发生，应当承担损害赔偿责任。

《消费者权益保护法》第七条规定："消费者在购买、使用商品和接受服务时享有人身、财产安全不受损害的权利。消费者有权要求经营者提供的商品和服务，符合保障人身、财产安全的要求。"

《消费者权益保护法》第十八条规定："经营者应当保证其提供的商品或者服务符合保障人身、财产安全的要求。"

基于经营者对消费者的法定义务，不仅经营者提供的场所、设施、设备等硬件条件应符合保障消费者人身、财产安全的要求，经营者提供的服务行为也应符合这种要求。

案例 赵明明的父母为祝贺儿子的6岁生日，带着孩子和亲友外出聚餐。在饭店用餐过程中，赵明明独自在餐桌旁玩耍。服务员将添茶用的开水壶放在相邻的餐桌上。赵明明在玩耍时扶着餐桌的边缘，导致水壶翻倒，将其烫伤。

在治疗过程中，花去各种医疗费用8 000多元。赵明明的父母以孩子的名义向人民法院提起诉讼，要求饭店承担赔偿责任。

法院认为，赵明明处于双重保护之中，即其监护人的监护保护和经营者对消费者的人身安全保护。饭店作为经营者，有义务保护消费者的人身安全。消费者受伤，经营者应该承担责任。但是，作为无民事行为能力人的赵明明随其父母外出用餐，虽然某饭店作为提供就餐服务的经营者依法负有保障顾客人身、财产安全的法定义务，但并不因此而减轻或免除其父母作为监护人的监护责任。

综上所述，本案应当由饭店承担主要责任，赵明明的父母承担次要责任。

十、未成年人在公园游泳溺水身亡应该怎样维权？

根据《民法通则》的有关规定，对于一般民事侵权的赔偿问题适用过错责任原则，要有过错才能承担民事责任。同时，这个过错还必须与损害结果有因果关系。那么，未成年人到公园游玩溺水而亡，公园该不该承担责任？

根据有关法律规定，公园应该承担一定责任。

根据《消费者权益保护法》中“消费者在购买、使用和接受服务时，享有人身、财产安全不受损害的权利”的规定，公园负有保障游客生命安全的特定义务。未成年人在公园下水游泳，公园没把好第一关，没有阻止，没有尽到监管责任。所以，未成年人游泳溺水身亡，公园负有不可推卸的责任。

同时，如果未成年人有父母（监护人）一同前往公园，那么，父母（或监护人）也负有监护责任。

案例 2006年11月，13岁的贾某和同班几名同学去某公园划船。开船时，贾某提出要救生圈，被工作人员拒绝。当船划至湖心时，贾某和另外一名同学看到湖中有人游泳，便跳入水中。不久，贾某突然下沉，两个同学和岸上三青年下水抢救未果。

十几分钟后，公园两个工作人员才开着一艘电动船过来，且未立即下水救人，而是用竹竿往水里捅。在110巡警赶过来跳入水中救人时，公园的一名工作人员才随之下水，而贾某已经溺水身亡。

贾某的父母要求公园赔偿对于贾某死亡所造成的各种损失共计8万元。公园认为，贾某的死亡完全是由于其违反公园规定而造成的，应由其本人自己承担。贾某的父母将公园告上法庭。

法庭认为，公园在安全保障措施及抢救措施上不力，是导致贾某身亡的主要原因。因此，公园应该负主要责任。同时，贾某的父母作为监护人未尽到教育与监护义务，也应该承担一部分责任。

参考文献

一、参考书籍

[1]王珊．家庭实用法律知识手册．北京：华文出版社，2007．

[2]吕芳等．白领女性生活法律顾问．北京：法律出版社，2008．

[3]宋才发等．大众维权600问．北京：中国发展出版社，2006．

[4]张雁飞等．农民维权实务．北京：经济管理出版社，2009．

[5]白丽云．中老年患者维权百问百答．北京：中国社会出版社，2011．

[6]陈真等．学生伤害事故索赔指南．北京：中国法制出版社，2009．

[7]《农村法律纠纷案例解析丛书》编写组．农民外出务工人身权纠纷．北京：中国时代经济出版社，2010．

[8]李霞．如何打赢离婚与财产分割官司．济南：山东人民出版社，2004．

[9]粟茜．消费者权益保护法看图一点通．北京：中国法制出版社，2009．

[10]刘东军．患者权利疑难对策：病历、鉴定、赔偿．北京：中国法制出版社，2010．

[11]谢良敬．劳动维权案例评析．北京：法律出版社，2007．

[12]佟丽华．未成年人维权典型案例精析．北京：法律出版社，2007．

[13]朱晓娴．衣食住行离不开的80个法律锦囊．北京：法律出版社，2009．

[14]石先广．收养、监护、抚养、赡养纠纷维权必备．北京：中

国法制出版社，2006.

[15]刘东根．妇女儿童权益保护．合肥：黄山书社，2010.

[16]李立勇．生活消费纠纷案例．北京：中国经济出版社，2009.

[17]孙林．未成年人保护法律实用全书．北京：法律出版社，2009.

[18]刘东根．医疗纠纷．合肥：黄山书社，2010.

[19]上海市青少年保护委员会，上海市高级人民法院，上海市律师协会．未成年人权益保障百问百答．上海：上海人民出版社，2010.

[20]余斌．医疗纠纷维权要点与技巧．北京：中国检察出版社，2009.

[21]常永春．医患之争——医患纠纷典型案例评析．北京：法律出版社，2006.

[22]裘雪美等．国民权利手册．深圳：海天出版社，2010.

二、法律文献

[1]《中华人民共和国民法通则》（中华人民共和国第六届全国人民代表大会第四次会议于1986年4月13日通过，自1987年1月1日起施行）

[2]《中华人民共和国妇女权益保障法》（《全国人民代表大会常务委员会关于修改〈中华人民共和国妇女权益保障法〉的决定》已由中华人民共和国第十届全国人民代表大会常务委员会第十七次会议于2005年8月28日通过,自2005年12月1日起施行）

[3]《中华人民共和国刑法》（中华人民共和国第八届全国人民代表大会第五次会议于1997年3月14日修订，自1997年10月1日起施行）

[4]《中华人民共和国治安管理处罚法》（中华人民共和国第十届全国人民代表大会常务委员会第十七次会议于2005年8月28日通过，自2006年3月1日起施行）

[5]《中华人民共和国婚姻登记条例》（2003年7月30日国务院第16次常务会议通过，自2003年10月1日起施行）

[6]《中华人民共和国人口与计划生育法》（2001年12月29日中华人民共和国第九届全国人民代表大会常务委员会第二十五次会议审议通过，自2002年9月1日起施行）

[7]《中华人民共和国老年人权益保障法》（中华人民共和国第十一届全国人民代表大会常务委员会第三十次会议于2012年12月28日修订通过，自2013年7月1日起施行）

[8]《中华人民共和国继承法》（中华人民共和国第六届全国人民代表大会第三次会议于1985年4月10日通过，自1985年10月1日起施行）

[9]《中华人民共和国女职工劳动保护规定》（1988年6月28日国务院第十一次常务会议通过，自1988年9月1日起施行）

[10]《中华人民共和国医疗事故处理条例》（2002年2月20日国务院第55次常务会议通过，自2002年9月1日起施行）

[11]《中华人民共和国合同法》（1999年3月15日第九届全国人民代表大会第二次会议通过）

[12]《中华人民共和国医疗美容服务管理办法》（2001年12月29日经卫生部部务会讨论通过，自2002年5月1日起施行）

[13]《中华人民共和国医疗机构管理条例》（国务院于1994年2月26日颁布，1994年9月1日实施）

[14]《中华人民共和国侵权责任法》（中华人民共和国第十一届全国人民代表大会常务委员会第十二次会议于2009年12月26日通过，自2010年7月1日起施行）

[15]《中华人民共和国消费者权益保护法》（《全国人民代表大会常务委员会关于修改〈中华人民共和国消费者权益保护法〉的决定》由中华人民共和国第十二届全国人民代表大会常务委员会第五次会议于2013年10月25日通过，自2014年3月15日起施行）

[16]《零售商促销行为管理办法》（2006年7月13日商务部第7次部务会议审议通过，并经发展改革委、公安部、税务总局和工商总局同意，自2006年10月15日起施行）

[17]《物业管理条例》（2003年5月28日国务院第9次常务会议通过，自2003年9月1日起施行）

[18]《中华人民共和国未成年人保护法》（1991年9月4日第七届全国人民代表大会常务委员会第二十一次会议通过，2006年12月29日第十届全国人民代表大会常务委员会第二十五次会议修订）

[19]《中华人民共和国收养法》（《全国人民代表大会常务委员会关于修改〈中华人民共和国收养法〉的决定》已由中华人民共和国第九届全国人民代表大会常务委员会第五次会议于1998年11月4日通过，自1999年4月1日起施行）

[20]《中华人民共和国预防未成年人犯罪法》（《全国人民代表大会常务委员会关于修改〈中华人民共和国预防未成年人犯罪法〉的决定》由中华人民共和国第十一届全国人民代表大会常务委员会第二十九次会议于2012年10月26日通过，自2013年1月1日起施行）

[21]《中华人民共和国义务教育法》（中华人民共和国第十届全国人民代表大会常务委员会第二十二次会议于2006年6月29日修订通过，2006年9月1日起施行）

[22]《公共文化体育设施条例》（2003年6月18日国务院第12次常务会议通过，自2003年8月1日起施行）

[23]《禁止使用童工的规定》（1991年4月15日国务院令第181号，自发布之日起施行）

[24]《工伤保险条例》（2003年4月16日国务院第5次常务会议讨论通过，自2004年1月1日起施行）

[25]《中华人民共和国保险法》（1995年6月30日第八届全国人民代表大会常务委员会第十四次会议通过，2002年10月28日第九届全国人民代表大会常务委员会第三十次会议修正）